विरांश : विरल कविताएँ और शायरियाँ

विरल चावड़ा

क्रम-सूची

प्रस्तावना

" विरांश "- विरल कविताएँ और शायरियाँ। पुस्तक में स्त्री की रुपरेखा, पुरुष की पहचान, परिंदे ,कुदरत और परमात्मा, जीवन से बातचीत, प्यार, इश्क़ और मोहब्बत, जुदाई ,धोखा ,यादें और बेवफाई जैसे विषयों को साझा करते हुए सुन्दर कविताएँ लिखने का एक अदभुत प्रयास किया गया हैं।

विरल ने जीवन में आई हताशा और निराशा को अपने पर हावी नहीं होने दिया एवं उन्नतिशील भविष्य की ओर एक कदम बढ़ाकर अपने लेखनी के सफ़र की पहली उड़ान ली जो कि है- "विरांश"।

विरल के अनुभव, भावनाएं, व्यथा, ताकत और कमज़ोरी सारे गुणों का मिश्रित भाव मतलब "विरांश"।

विरांश को पढ़कर वाचंको को प्यार, धोखा, जुदाई जैसे विषय को नवीन भावो में पढ़ने का अवसर प्राप्त होगा।

विरल की लिखी कविताएँ और शायरियाँ आपको पसंद आएगी, ऐसी आशा करती हूँ।

अनुक्रमणिका

स्त्री की रुपरेखा :

पुरुष की पहचान :

परिंदे , कुदरत और परमात्मा :

जीवन से बातचीत

प्यार, इश्क़, मोहब्बत :

जुदाई , धोखा , यादें, बेवफ़ाई :

विरल की कलम के अंश

वीर की शायरियाँ

1. स्त्री की रुपरेखा

1) औरत : एक कठिन किरदार :-

किसने यह अफवाह फैलाई,
औरत ही औरत की दुश्मन है।
यह बात मैं न जान पाई,
सच्ची दोस्ती तो एक औरत ने ही निभाई।

औरत ही तो है, जो सच्ची सलाहकार बन पाई।
चाहे रिश्ता हो कोई भी सच्चे दिल से ही निभाई।
जब एक औरत ही सच्ची सहेली बन पाई।
तो दूसरे बिखरे रिश्ते की याद ही नहीं आई।
बिना कहे दूसरे के ग़म समझ पाई।
यह हुनर तो वह जन्म से ही है लाई।
अपनी चोट को छुपा कर दूसरो के घाव सहलाती,
वैद्य ना होते हुए भी, वो वैद्य है बन जाती।
सारे किरदार बिन लिखित लेख के निभाती।
कहता है ज़माना कि जिंदगी उसकी तो है बहुत आसान,
लेकिन वो तो सीने में सैकड़ो दर्द और
दिल में गहरे राज है छुपाती।
ज़माने के सामने मधुर स्मित लिए ख़ुद की जगह है बनाई।
न कहना औरत ही औरत की है दुश्मन,
ये बात हुई पुरानी, ये बात हुई पुरानी, ये बात हुई पुरानी।

***

2) स्वयंसेबात

आज ख़ुद से बात की,
आईने में देखकर संवारा ख़ुद को अनेक बार,
लेकिन आज ख़ुद की ख़ुद ही से पहचान की।
घर संभालना , बच्चों को संभालना , दफ़्तर संभालना , सबको ख़ुश रखना ,
सबकी मदद करना यह तो कर्तव्य है तेरा ,
लेकिन ख़ुद को ख़ुश रखना भी कर्तव्य है तेरा ,
आज इस बात की ख़ुद को खबर दी।
बेटी, बहन, पत्नी, बहू, भाभी, माँ, साँस, दादी, नानी, मामी, चाची, बुआ, मौसी
यह तो सारे क़िरदार है तेरे,
लेकिन सबसे पहले स्त्री है तू ,
इस बात का खुद को एहसास दिलाया।

सरलता, समझदारी, दया, सहानुभूति, प्रेम, सबल ये सब गुण तो है ही तेरे,
लेकिन हर परिस्थितियों के अनुकूल ख़ुद को बनाना यह अदभुत गुण है तेरा,
आज इस बात की ख़ुद को खबर की।
दूसरों के हक़ के लिए लड़ी अनेक बार है तू,
लेकिन ख़ुद के हक़ के लिए लड़ना गलत नहीं,
आज इस बात की ख़ुद को खबर की ।
तू स्री है यह कमज़ोरी नहीं यहीं ताक़त है तेरी,
आज इस बाद की ख़ुद को पहचान करवाई।
आज आईने में देख़कर ख़ुद से बात की।
आज आईने ने आईना दिखाया,
खुद का ख़ुद से परिचय करवाया।

***

3) औरत हूँ :-

Enter Caption

औरत हूँ।
चोट को पल्लू मे छुपा देती हूँ ।
घाव कितने भी गहरे हो, खुद मरहम लगा लेती हूँ ।
औरत हूँ।
कोई पूछें उससे पहले ,
ठीक हूँ बता देती हूँ।
औरत हूँ।
कितना भी शोर हो सीने में,
फिर भी मुँह पे ताला लगा देती हूँ।
औरत हूँ
कितना भी मन हो उड़ने का ,
समाज के डर से पांवों मे खुद बेड़ियां लगा लेती हूँ।
औरत हूँ
ख़्वाबों की रौशनी से चिराग रोशन कर ,
खाली मकान को घर बना देती हूँ।
औरत हूँ।
प्रसव के दर्द को आँसू मे बहा देती हूँ ,
बहते आँसू को ख़ुशी का बता देती हूँ।
औरत हूँ।
प्यार करोंगे तो धरती को स्वर्ग मुझमे अप्सरा ,
छूटा अगर सहनशीलता का बाण ,
खुद चंडी बन धरती को शमशान बना दूं।
औरत हूँ।

***

4) यौवन :-

गया भी नहीं बचपन,
आ गया देखो यौवन ।
खिलौनों से जी भर के खेलते,
उससे पहले बीत गया बचपन ।
मासिक धर्म और शरीर के अंगो में बदलाव ,
यह यौवन की निशानी या है कोई बीमारी।
यौवन उपहार है नहीं कोई बीमारी,
आना इसका बहार है नहीं कोई उपाधि।
शरीर के बदलावों से चिड़चिड़ापन आना है सहज़,
घबराना नहीं बिल्कुल यह तो है यौवन का शहद।
बच्ची से कुमारी , कुमारी से महिला के सफ़र की है तैयारी,
कुदरत का आशीर्वाद और पीढ़ी को आगे बढ़ाने की है तुम पर जिम्मेदारी।

यौवन है खूबसूरत एहसास ,
पूर्णता को महसूस करने का सुनहरा योग।

***

5) सौंदर्या(Poetic Story) :-

उफ़्फ! यह तेरी नीली आँखे ,
घायल कर दे बिना किसी हथियार।
तेरे रेशमी से बाल ,
लहराए हवा में जैसे पतंगा।
कोमल सी तेरी काया ,
बसेरा तेरा खूबसूरत वादियां।
शांत ,सरल ,सौम्य और निडर स्वभाव ,

प्रकृति ही तेरी पालनहार।
कहलाई तू सौंदर्या मेरी जान।
प्रकृति के रंगों में रंगीन ,
घूमते-घूमते अचानक ठहरी तेरी निगाहें।
देवो सी काया, चट्टान का सीना ,सबल शरीर
देखा ना ऐसा कोई नौजवान।
नौजवान भी देखता गया दूर से ,
प्यार भरी निगाहों से सौंदर्या को।
मुस्कुराती गई मंद-मंद सौंदर्या भी ,
देख कर नौजवान के सौहामणे रुप को।
शर्म के मारे लाली छा गई चेहरे पर सौंदर्या के ,
देखा ना ऐसा मनमोहक नौजवान।
अजनबी फिर भी अपना सा मुसाफिर ,
मन ही मन नाम दिया माधव का उसको ,
देख कर एक-दूजे को दूर से,
अँखियाँ बात करने लगी चुपके से ,
सौंदर्या ने आँखों को फिराया ढलते सूरज की तरफ ,
बैठी एक पहाड़ की चोटी पर लज्जाते हुए।
आज से पहले ना लगी,
ढलते सूरज की किरणें इतनी रमणीय।
नज़रे उसकी ना हटने पाए।
मुस्कान उसकी ना घटने पाए।
खुद के मनोभाव ना रोकने पाए।
दिल भी समंदर की लहरों सा गोते खाए।
समंदर की गहराई सी प्रीत ,
सौंदर्या को माधव से हो जाए।
इस बदलाव से मन झूमता जाए ,
प्रसन्नता इतनी सभाले ना संभाल पाए।
कर बंद आँखे कल्पना में कदम बढ़ाती जाए ,

दूर खड़े माधव समीप वो चलती जाए ।
करे कल्पना व्यक्तित्व की ,
देखे खुद को बैठे माधव समीप।
ढलते सूरज की किरणों में लिप्त,
माधव की आंखों में निहारती जाए।
मंत्रमुग्ध होकर दोनों नैनो को निहारे कल्पना-चिन्हों में,
भावनाओं का सैलाब बहता जाए।
खुद को इतना करीब पाए ,
बांहों के आगोश में लिपटती जाए।
मन इतना मगन हो जाए ,
भावनाओं को ना रोक पाए।
आनंद का कारण समझ आए,
इस खुशी को ना कोई छीन पाए।
तब आँख खुले और हवा का झोंका चेहरे से टकराए।
वादियो में अनजान मुसाफिर अपना बना,
यह बात पास जाकर कहना चाहे।
माधव कहानी में ना होते हुए,
हिस्सा सौंदर्या की कहानी का बन जाए।
अंजाम सोचे बिना ही ,
दोनों का किस्सा दिलचस्प बना।
देने परिचय लिए चमकता चेहरा , किए धड़कन तेज ,
जा खड़ी हुई थोड़ी दूरी पर।
देख ढलते सूरज को हो रहा था आनंदित ,
अजनबी माधव भी सौंदर्या की तरह।
देने परीक्षा विश्वास की , निम्न दूरी पर ,
निकलने को ही थे ज़ुबान से शब्द उससे पहले।
"दोस्त" मैं तुम्हारा ही इंतज़ार कर रहा था ,
इतने शब्द सुने सौंदर्या ने।
पालतू कुत्ते को दोस्त कह कर बुलाया था।

अब तक लगता था देखे सौंदर्या को,
बल्कि उसने तो देखा उस दिशा में था।
निकाली सफ़ेद छडी ,करे महसूस,
आसपास की चट्टानों को प्रज्ञाचक्षु।
आहट से लगा दोस्त के इलावा भी है कोई और,
पूछा परिचय।
दिया परिचय चट्टानों में विहार करने वाली सौंदर्या।
जब नौजवान दोस्त को लिए अपनी मंजिल की ओर चल पड़ा।
काल्पनिक किस्सा का वहीं पूर्णविराम लगा।
सुदंर कहानी का वहीं अंत हुआ।

***

6) सपनोकासारथी

कल जो सपनें में आया ,
वो शख्स ख़ास था।

अंजान था चेहरा,
फिर क्यों लगा दिल के वो पास था।
बहुत कोशिश की ज़हन में झाँक कर देखने की,
लेकिन कोई शकल ही ना थी याद आ रही,
कौन था जो सपने में आया था ?
इस सवाल ने दिलो-दिमाग में हलचल थी मचाई,
कल से पहले कभी ना देखा था वो चेहरा ,
एक ही पल में फिर क्यों लगने लगा वो इतना प्यारा,
थक हार के दिल ने कह दिया।
“ फ़िक्र ना कर तू जो भी था वो शख्स ख़ास था ,
दिल के पास था, सपनो का सारथी था। "

***

7) आदर्श जीवन साथी कैसा हो:-

प्रेम तो कृष्ण ने भी किया,
प्रेम शिव ने भी किया,

राधा कृष्ण की बांसुरी के सुरो की दीवानी हुई थी।
सती शिव के डमरू के डुग-डुगी की दीवानी हुई थी।
कृष्ण का प्रेम अमर हुआ ,
प्रेम और वियोग का उत्तम उदाहरण बना।
शिव का प्रेम नश्वर बना ,
दांपत्य जीवन का उत्तम उदाहरण बना।
मुझे कृष्ण जैसा प्रेमी नहीं चाहिये।
मुझे तो शिव जैसा पति चाहिये।
मुझे राधा की तरह कृष्ण से प्रीत लगा कर सारी उम्र वियोग में नहीं काटनी।
मुझे तो सती की तरह हर रूप में शिव को पाकर शक्ति है बनना।
मुझे शिव का होने के लिए भले ही कई बार जन्म लेना पड़े,
उसका मुझे ज़रा सा भी खेद नहीं।
लेकिन कृष्ण का प्रेम जैसे प्रेमिका , सखी , पत्नी , १६ हजार पटरानियों में बटा हुआ था
वैसा प्रेम मुझे कदापि मंजूर नहीं।

***

8) प्यारी बहन

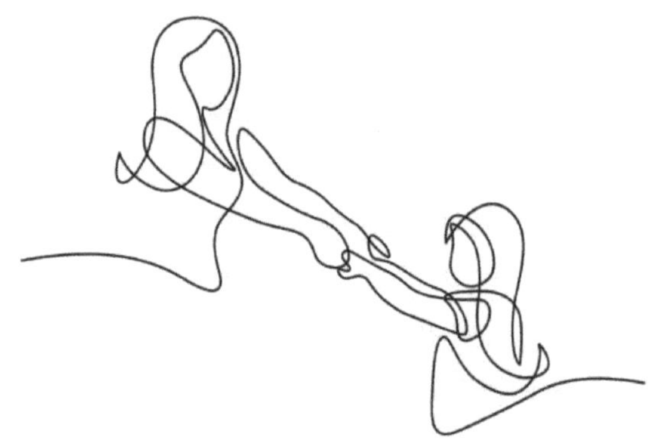

मेरी की गई गलती को ,
तूने अपने नाम किया।
माँ-बाऊजी को पता भी ना चले ,
वैसे मेरे ज़ख्मो को साफ़ किया।
जब कोई ना था मेरे साथ ,
तब सिर्फ़ तूने मेरा साथ दिया।
कई बार खुद के निवाले को,
तूने मेरे नाम किया।
कभी माँ के जैसा प्यार किया।
कभी बाऊजी के जैसे डाट लगाई ।
कभी अध्यापक की तरह ज्ञान दिया।
कभी दोस्त बनकर साथ निभाया।
मुझसे है बड़ी लेकिन कभी ,
इस बात की हेकड़ी नहीं दिखाई।
दोस्त , सखी , सहेली क्या कहूँ ,
सब मेरी बहन तू ही है।

***

9) प्रेमिका का आखरी संदेश

अगर छोड़ना पड़े मुझे तुझे किसी मोड़ पर ,
तो उसका तू अफ़सोस ना करना।
मुझे बेवफ़ा कहकर अपने प्यार को तू कोशना मत।
मेरी ना मौज़ूदगी से अपनो में बेगानो सा तू फ़िरना मत।
मेरा प्यार सच्चा था उस पर कभी शंका तू करना मत।
साथ में गुजारे हुऐ पलो को याद करके तू रोना मत।
आसान नहीं है , पता है मूझे ,
किसी अपने के बगर जिंदगी गुजारना,
फिर भी तुजे में तन्हा छोड चली इस उम्मीद से ,
मेरी दी हुई हिदायत को तु याद रखेगा।
साथ में देखे हुए सपनो को तू किसी और के साथ पूरा करेगा।
जिंदगी की तलास में यु दरबदर भटकेगा नहीं।

मुझ से और मेरी यादो से दूर जा कर नई मंजिल का चयन करेगा।
शायद लिखा ही नहीं होगा ,
अपनी हाथो की लकीरों में साथ रहना ,
ऐसा समझ कर मुझे भूल जाना।
मिलना - बिछड़ना ये तो किस्मत का खेल है उस बात पर तू गौर करना।
बहोत ज्यादा नहीं बस इतना करना।
मेरी दी हुई हिदायत को तू याद रखना।

***

10) हाथ से माँ की ऊँगली छुट गई

आज एक परिंदा माँ की ,
ऊँगली छोड़कर उड़ने को चला।
पहचान भुला के खुद की ,
नई पहचान लिखने चला।
गिरते संभलते खुद खड़े होकर चलता ही गया।
चल पड़ा वो ऐसे , जैसे लगे हो कोई पंख।

उम्मीदों का दामन थाम बस चलता ही गया।
खिलोनो की फ़िक्र छोड़कर चलता ही गया।
दोस्त यारो से दूर होकर चलता ही गया।
चलते-चलते उतनी दूर जा पहुँचा,
अपनी खुद की पेहचान बना ने में ,
जिसने पहचान दी उसी को भूल बैठा।
दुनियादारी निभाने में इतना तो व्यस्त हुआ ,
बेटा माँ को ही भूल गया।
अपने गृहस्थ जीवन में इतना वो व्यस्त हुआ ,
उड़ना तो छोड़ो चलना ही भूल गया।
माँ को पताभी ना चला,
छोटा सा परिंदा कब बड़ा हुआ।
हाथ से माँ की ऊँगली छूट गई।

***

11) नाबचपन , नापचपन

सब कहे थोड़ा गंभीर होले ,
गंभीर भी ना मैं हो पाउ।
भागवत - पुराण ना पढ़ पाउ ,
कार्टून भी ना देख पाउ।
धारावाहिक के ड्रामे ना सेह पाउ।
सारी सहेली मेरी चूला-चौका संभाले ,
मैं रसोईघर में कदम तक ना रख पाउ।
वे पूरा समय पति और बच्चो की देख-भाल में गुजारे।
मैं अपना समय कलम - कागज़ के संग गुजारू,
कभी हंसु , कभी रोउ , कभी सहेलीयो से मैं गपे लडाउ।
सप्ताह के अंत में विंडो शॉपिंग के झगे रिश्ते नीहारू।
तब भी मम्मी बोले बेटा अब तो गंभीर होले।
तू ना बचपन की ,ना पचपन की ,
जल्दी होगी तू तीस की।

***

12) शीर्षक : क्यापहनू ? सारीड्रेसहुईपुरानी

महिलाओं की एक समस्या है भारी,
क्या पहने क्या नहीं की उल्जन है सारी,
अलमारी में जांखो तो लगे,
क्या पहनू ? सारी ड्रेस हुई है पुरानी ।
हो किसी की शादी , सगाई या गोदभराई ,
या जाना हो घूमने-फिरने या दोस्तों से मिलने,
कोई भी हो प्रयोजन,
हमारी एक ही ये उल्जन,
क्या पहनू ? सारी ड्रेस हुई पुरानी।
क्यों की सभी में मेने फ़ोटो जो खिचवाली।
इस सोच ने हमेसा हमें उलझाया है।
क्या पहनू ? सारी ड्रेस हुई पुरानी।
इस सवाल के बवाल ने ,
सदियों से हम बेचारी महिलाओं को बड़ा सताया है।
आज चलो सॉपिंग पे यहीं हमारा नया बहाना।

क्या पहनू ? सारी ड्रेस हुई पुरानी।
हर अवसर पर डिज़ाइनर ड्रेस पहन के ही है हमें जाना।
सोशियल मीडिया पर फोटोज डाल डाल के वायरल है हो जाना ।
और अगले अवसर पर फिर से कहना,
क्या पहनू ? सारी ड्रेस हुई पुरानी।

***

13 लिपस्टिकबोली - " मैडमइतरातीबहोतहै।"

मैडम इतराती बहोत है।
गुम़ हो जाउ मैं तो , चिढ़ती भी बहोत है।
कितना भी मेकअप पोतले वो चेहरे पै।
मुझे होंठों पर लगाए बगर उनका सिंगार अधूरा है।
सकल ढीक ठाक दी है , कुदरतने मैडम को ,
लेकिन मेरी वज़ह से सुंदर बनके , नखरे करती बहोत है।
मेरे कारण पार्टी में ,ऑफिस में ,फेस्टिवलस में पाउड कर-कर के ,

सेल्फ़ी लेती सहेलीयो के साथ बहोत है।
बिना मेरे ख़ुदको आईने में देख के टेढ़े-मेढ़े मुँह बनाती बहोत है।
जैसे कोई दीवार बिना रंग की बेजान सी लगती है।
वैसे ही मेरे बगर मैडम जी की जिंदगी बेजान हो जाती है।
वैसे तो इतराना मेरा बनता है।
लेकिन मेरी वज़ह से मैडम इतराती बहोत है।

2. पुरुष की पहचान

1) पुरुष तेरीपहचानक्या? :-

तेरी पहचान क्या।
तुझे कभी नाकारा ,कभी गैरजिम्मेदार ,
तुझे कभी आवारा , कभी कायर कहां गया ।
तेरी पहचान क्या।
तुझे कभी धोखेबाज़ , कभी पथ्थर दिल,
तुझे कभी बेफ़िक्र , कभी नालायक कहां गया ।
तेरी पहचान क्या।
तुझे कभी लालची , कभी आलसी ,
तुझे कभी हवस्खोर , कभी बेवफ़ा कहां गया ।
तेरी पहचान क्या ।
इन सारी पहचानो में तेरी सच्ची पहचान क्या ?
माँ का दुल्लरा , पापा के बुढ़ापे का सहारा ,
बहन के जिगर का टुकड़ा , पत्नी का हमसफ़र।
तेरी पहचान क्या।
आमदनी कमाने का मशीन या ,
घरवालों की ख्वाहिसे पूरी करने वाला कोई जीन ।
तेरी पहचान क्या ।

आंसू कभी ना तू अपने दिखायेगा ,
हो सीने में दर्द तो उसे छुपायेगा।
तेरी पहचान हैं क्या ।
खुद के सपनो को खड़े में डाल,
परिवार के लिए यंत्रमानव बन जाएगा ।
बता तेरी पहचान हैं क्या ।

***

<u>2) मेरा ख़्वाब :-</u>

तुम ऐक ख़्वाब थे ,
जिसे मुझे पाने की तमन्ना थी।
तेरी ना मौजूदगी में भी,
हमने बस तुझ को ही देखा था।
तेरी मुस्कान को याद करके,
हमने अपनी हंसी को हंसने का बहाना दिया था।
तेरे चेहरें की चमक ने ,

हमारा मन मोहलिया था।
तेरी पहली ही नज़रने,
हमको घायल कर दिया था।
बस सोते ,जागते , उठते , बैठते,
सिर्फ तेरे ही ख्यालो में डूबे रहते थे।
बस एक तुजे ही पाने की,
जुस्तजू में भटकते रहते थे।
एक ख़्वाब ने किसी को सताया होगा।
ऐसा तो किसी ने ख़्वाब में भी ना सोचा होगा।
क्या हुआ अगर मेरा ख़्वाब अधूरा रह गया।
कोन जाने कहाँ पे मेरा ख़्वाब ,
किसी और का ख़्वाब बनके उनके सारे ख़्वाब पुरे कर रहा होगा।
शायद अधूरा रहना ही ,
मेरे ख़्वाब की किस्मत में लिखा होगा।

***

3) बदलता हुआ वक़्त :-

कितनी मन्नते और दुआओं के बाद ,
घर में ख़ुशी है आई।
लक्ष्मी तो थी घर में ,
लेकिन अब घर का चिराग है आया।
ठोल-नग़ारे-सहनाई बजी ,
बटी मिठाई पुरे सहर में।
बहन की बरसों से संजोई हुई राखी को कलाई मिली।
माँ को उसका लाल और बाप को बुढ़ापे का सहारा मिला।
वक़्त तो रेत की तरहा बीतता ही जा रहा।
बैटा पढ़-लिखके काबिल बना।
बाप का रुतबा और मान दोनों बढ़ा।
फिर से सहनाई बजी जब बेटा घोड़ी चढा।
प्यारी दुल्हन को पाकर परिवार गदगद हुआ।
हंसी खुशी में वक़्त बित्ता गया।
एक दिन बेटा भी बाप बना।
नन्हें बालक की किलकारी से घर और रोशन हुआ।
शायद कुदरत को कुछ और ही मंजूर था।
उसी दौरान कुदरत ने ऐसा कहर ढाया।
एक वायरस ने पुरे संसार को हिला डाला।
बाप बेबस होकर सिर्फ देखता रहा ,
जब घर का चिराग बुझता दिखा।
खुद को संभाले या परिवार को संभाले ,
ये तैय ही नहीं कर पाया।
जब बाप के कंधे पर बेटे की ननामी का बोझ आया।
हंसता-खेलता परिवार एक ही पल में बिखर गया।
जैसे-तैसे खुद को संभाला बापने ,
" कुदरत ने दिया था , उसने वापस ले लिया।" -
कह कर खुद को मना लिया बापने,

अब जो बचा था उसको अकेले संभालना था।
सिनेमा की तरहा सारे पल बीते जा रहे थे ,
वक़्त तेजी से बदलतागया।
बेबस बाप चुप-चाप सिर्फ देखता ही गया।
***

4) ख़ुदाकाबंदा :-

आज उत्सव का माहौल है , ख़ुदा मेरे घर में।
इस पलको मेरी जिंदगी में लाने के लिए शुक्रिया।
बहोत सी अड़चने देखी मैने ,
करपायेगा नहीं तू सुना मैने।
बातो से ना गभराया मैं ,
राह पर चलता गया मैं।
रेस लम्बी थी और अड़चने राह में खड़ी थी ।
अड़चनों से डरके पीछे मूड जाऊ , इतना कायर तो नहीं मैं ।
ख़ुदा तू था , तू है , तू रहेंगा मेरे साथ ।

तेरे सहारे ही तो जी रहा हु ,
ए मेरे परवर्दिगार।
तू चाहें भरदे ख़ुशी या ग़म से मेरी झोली।
देखना ये बंदा कभी नहीं लेगा पीछे अपने क़दम।
ख़ुदा का मैं बंदा , उनके सहारे ही जी रहा।

***

5) मेरा भाई :-

मुझ से है छोटा ,
फ़र्ज सारे निभाता है बड़े भाई के।
हरदम मुझसे लड़ता है ,
झगड़ता है , सताता भी बहोत है।
फ़स जाऊ मैं किसी मोड़ पर
मुसीबतो से बचाता है।
छोटी उम्र में कारनामे सारे ,
बड़ो वाले कर दिखाता है।

मेरा भाई जो सब पे ,
जान अपनी छिड़कता है।
है तो अंदर से एक दम नर्म दिल ,
बहार से सख़्त लड़को वाला किरदार निभाता है।
मेरा भाई मुझे बड़ा प्यारा है।

***

6) एआदमीतुझे घमंडकिसबातपर :-

ए आदमी तुझे घमंड किस बात पर ,
लिया जन्म पुरुष बनकर क्या इस बात पर।
या महिलाओ को शोषित किया उस बात पर।
पितृसत्ता की दुनियां है।
पता है आदमी रो नहीं सकता।
तो क्या भावनाओं को गूस्से का रुप देकर,

महिला पर निकाल ने में मर्दानगी है।
घर को सर्कस और ख़ुदको रिंगमास्टर,
समझने वाले पुरुष।
ये भूल ना जाना के शेरनी बेकाबू हुई,
तो तुझ पर ही भारी पड सकती है।
ना में जमूरा , ना तू मदारी।
तू पुरुष , मैं स्त्री वो तो सही।
तू भी इन्सान मैं भी इन्सान।
ये बात अच्छे से तू ले जान।
खुदको मज़बूत औरत को कमजोर ,
बताने में कहाँ की मर्दानगी।
एक हड्डी टूटने का दर्द तो सेह नहीं पाता ,
और अपने आप को मर्द है बताता।
ए आदमी तुझे घमड़ किस बात पर।
लिया जन्म पुरुष बनकर क्या इस बात पर।
या महिलाओ को शोषित किया उस बात पर।

***

7) अंतिमक्रियाकीबारीआई :-

अरे वाह ! रे जिंदगी तेरी अंतिम क्रिया की बारी आई।
सब की आँखों में आंसू आये मेरे गुज़र जाने के बाद,
जीते जी मेरे आंसू पोंछने भी कोई नहीं आया।
ऐक तारीफ़ सुनने के लिए उम्र गुज़ारदी मेने के - ‘ इंसान अच्छा था। ’
जीते जी तारीफ़ के दो शब्द भी नसीब ना हुऐ।
चार कंधे का सहारा था एक मुर्द को...
जीते जी एक कंधा नसीब ना हुआ।
दावते बनी अंतिम क्रिया के भोज मैं ...
जीते जी एक निवाला नसीब ना हुआ।
मुर्दा शरीर को नये कपड़े पहनाये गए...
जीते जी एक चद्दर तक नसीब ना हुई।
मेरे गुजर जाने के बाद सबको मेरी याद आई !
‘ सबको मेरे साथ गुजारे हुऐ किस्से याद आये। ’
जीते जी दो पल की बातें भी नसीब ना हुई।
सारे क्रिया कलाप निपटा के मेरे अपनो को मेरी वसीयत की याद आई।
‘ किसे क्या मिलेंगा उसकी चर्चा में थोड़ा समय बिताया। ’
जीते जी हाल-चाल पूछने भी कोई नहीं आया।
अरे वाह ! रे जिंदगी तेरी अंतिम क्रिया की बारी आइ।

***

8) पहलीमुलाकात :-

अचानक ही दो राही ,
एक ही राह पर टकराए थे।
नज़र तो नज़र को देखना चाहती थी ,
हड़बड़ी थी इतनी दोनों को,
ऐसे में नज़र कैसे ढेर पाऐ।
हा ! थी वो पहली मुलाकात।
फिर भी कि नज़रो ने थोड़ी कस्मकस ,
पहली नज़र में ही ,
जहन में उतर जाये ,
कुछ ऐसी थी उनकी शख़्सियत।
हा ! थी वो पहली मुलाकात।
लम्बि डाढी , काली सट ,
साव्ला चेहरा , नशीली आँखे ,
नज़र हैरान हो जाया देख के ,
कुछ ऐसी थी उनकी शख़्सियत।
हा ! थी वो पहली मुलाकात।

***

9) गगन के जीवन की सच्चाई:-

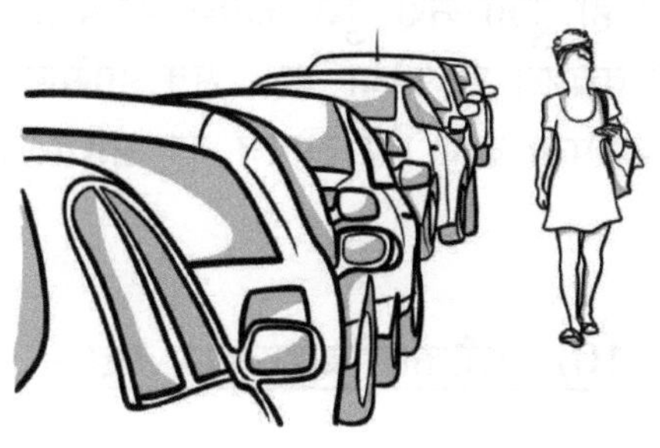

Enter Caption

फुटपाथ पर मुश्किल था जीवन ,
ढुर-ढुराती ठंड़ जाड़े का **मौसम** ,
ओढ़ने को माँ के हाथ का सिला हुआ कंबल ,
रोज मेरे सामने से कई गाड़ी गुजरती ,
भीख में कभी पैसे तो ,कभी कुछ खाना देजाती।
एक दिन चमचमाती गाड़ी से एक मैमसाब उत्तरी ,
दी मुझे वो प्यारासा मख़मली कंबल।
ख़ुशी-ख़ुशी मैं पड़ोसी कालू को जब दिखाने लगा ,
लालच के मारे वो मेरा मख़मली कंबल लेकर भाग गया।
होकर मैं उदास सिग्नल के पास बैठा ,
डूबा गहरी सोच में,
कास हो घर, चमचमाती गाडी, आराम का बिस्तर और मख़मली कंबल,
एक फ़क़ीर वहाँ से था गुजरा ,
देख मेरा उदास चेहरा,
मेरी हाथों की लकीरो को टटोर के कहने लगा,

"किस्मत बदलने वाली है, सफलता तेरे कदम चूमने वाली है।"
उनके शब्दो से होक प्रेरक , एक बनाकर ध्येय,
ध्येय सिद्ध करने कड़ी मेहनत करने लगा।
सच में ऐसा ही हुआ मेरा पुरा जीवन परिवर्तित हो गया।
जो मेने बचपन में सोचा था , सब हासिल किया।
ये कल्पना नहीं मेरे जीवन का आधार है।

***

10) रॉनीकामोबाइलबोल पड़ा:-

ऐ रॉनी थोड़ी तो शर्म कर ,
पुरे दिन मुझ में घूसे जा रहा है।
थोड़ा तो मुझे आराम दे।
कितनी सारी ऐप्लीकेशन ,
कितने सारे विडियोस ,
कितनी सारी फोटोज ,
कितनी सारी गेम डाल रखी है मुझ में।

मेरी भी संचयन की एक मर्यादा है ,
कुछ तो शर्म कर।
कभी कहीं घुमाने , होटल में खाना खिलाने ,
अपने यार दोस्तों से मिलाने ,
सब जग़ह लेके जा ता है तू मुझे।
लेकिन टट्टी करने भी मुझे ले जाता है ,
दम घुटता है मेरा कुछ तो शर्म कर।
पुरे दिन मेरा इस्तेमाल कर-कर के ,
मेरी पूरी शक्ति निचोड़ लेता है।
समय-समय पर मुझे चार्जिन में रखाकर,
मुझ पर इतनी तो दया कर।
पुरे दिन हाथ में पकड़े रखता है ,
कभी टाइट जीन्स की पॉकेट में जकड़े रखता है।
कभी तो मुझे आराम से सोफ़े या बेड पर ,
पैरों को फैलाकर , अंगडाई लेकर आराम करने दिया कर,
मुझ पर इतनी तो दया कर।
ख़ुदी के गंदे मुँह की तसवीरे खींचता रहता है।
कभी मुझ को तेरे गर्लफ्रैंड के नाज़ूक हाथो में देकर
उसके प्यारे , सुंदर चेहरे की तसवीर खींचने दियाकर।
मैं तेरे लिए कितना करता हु ,
तेरे कितने राज़ छुपाता फिरता हु ,
तू इतना तो मेरे लिए करा कर।

***

11) मंजूरहै :-

जमाना कहे पागल,
मुझे पागल का ख़िताब मंजूर है।
मेहबूब कहे दीवाना,
मुझे दीवाने का ख़िताब मंजूर है।
दोस्त कहे आवारा ,
मुझे आवारगी का ख़िताब मंजूर है।
डुबा हु मैं ग़म में पिलादो मुझे झाम ,
मुझे ये झाम के नसे में डूबना मंजूर है।

***

<u>12) नशा कर लिया :-</u>

तेरी सांसो को ,
अपनी सांसो में भर लिया।
ना किया था कोई नशा ,
वो नशा कर लिया।
बेज़ुबान दिल को ,
दर्द से भर लिया।
ना किया था कोई नशा ,
वो नशा कर लिया।
बेकाबू मन को ,
मना ही लिया
ना किया था कोई नशा ,
वो नशा कर लिया।

3. परिंदे , कुदरत और परमात्मा

1) परिंदेकभीथकतेनहीं :-

आज ये ख़्याल आया है।
आसमान में उड़ते ये परिंदे ,
कभी थकते क्यों नहीं।
यहाँ से वहाँ उड़ते-उड़ते राह में ,
कभी भटकते क्यों नहीं।
निराश होकर कौने में ,
कभी छुपते क्यों नहीं।
चोरी छुपे रातो में ,
कभी रोते हुए दिखते क्यों नहीं।
इस ख़्याल का भी दिल से जवाब आया है।
अस्तित्व को बचाने के लिए उड़ते है ,
इसलिए थकते नहीं।
पता है उन्हें परिवार राह देख रहा होगा ,
इसलिए राह वो भटकते नहीं।
कुदरत उसका रखवाला है ,

इस लिए निराश कभी वो होते नहीं।
रोना तो उन्हें आता ही नहीं।
इस लिए रोते हुए दिखते नहीं।
वे तो आज़ाद परिंदे।
आसमान में उड़ते।
कभी ना वो थकते।
कभी ना वो हार मानते।

***

2) मनमौजी परिंदे :-

किसी की बातों से ना अटकु मैं।
मंजिल को पाने की होड़ में भटकु मैं।
आज आसमान की उड़ान भरलू मैं।
पता है मुझे बहोत सी अड़चन आयेगी।

मौसम की भी मनमानी छायेगी।
फिर भी ना कहीं अटकु मैं।
आसमान में भटकु मैं।
बड़े पंछीओ का भी रूतबा छायेगा।
मुझे नोच खाने उनका भी झुण्ड आयेगा।
फिर भी ना कहीं अटकु मैं।
आसमान में भटकु मैं।

***

जमीन के सतानो को भी मेरा उड़ना ना गवारा होगा।
मेरी फैलती पाँखो को वो अपनी मांझे की डोर से कांटेंगे ,
उनके मांझे और नज़रों से बचके उड़ाना होगा।
फिर भी ना कहीं अटकु मैं।
आसमान में भटकु मैं।

***

3) परिंदेकासंदेश : ऐइंसान सुधरजा :-

ये जंगलों को काट के ,
घोसलो को हमारे उजाड़ के ,
खड़ा करना चाहते हो सपनो का महेल ,
तो करो सोख से।
लेकिन मुझे बताओ।
जंगलों को उजाड़ के ,
पेड़ो को काट के ,
कैसे लोगे तुम सांस।
जहाँ पे कुचला तूने नन्हें परिंदो को ,
वहाँ लोगे कैसे तुम चैन की नींद।
जहाँ उजड़ा हमारा संसार ,
वहाँ कैसे बना ओगे खुद का संसार।

हमारा सुख चैन छीन के ,
कैसे पा ओगे दिल का सुकून।
ऐ इंसान सुधर जा।
जब अगर उजड़ा तेरा ये संसार ,
फिर कहाँ जाकर बना ओगे अपना नया संसार।
ऐ इंसान सुधर जा ,
वक़्त रहते संभल जा ,
कुदरत के कहर से बचजा।
ऐ इंसान सुधर जा ,
मरने से पहले ए इंसान ,
एक पौधे को बौ के ,
उसे पेड तु बनाजा।
ऐ इंसान सुधर जा ,
अपनी आने वाली पेढ़ी को ,
जीने का नया तरीका सीखा जा।

***

4) बनावटी दुनियां :-

इस दुनियां से भी छोटी एक दुनियां है।
हर किसी की अपनी-अपनी एक दुनियां है।
उस छोटी दुनियां के चक्कर सब लगा रहे है।
ख्वाबो के ठेर के पत्थरों से महल बना रहे है।
उस महल को दुनियां मान के जीये जा रहे है।
खुद को असल दुनियां से अलग बताकर ,
बनावटी दुनियां में खुश हुए जा रहे है।
कुछ दिनों में बनावटी दुनियां से परेशान होके
ख़ुदको कोसे जा रहे है।
फिर सुकून ढूंढने इस दुनियां से परे,
दूसरी दुनियां के रास्तें ढूढ़े जा रहे है।
ये इंसान भी अजीब है , बड़ी दुनिया को छोटी मान के,
ख़ुदको इस दुनियां से अलग मान के ,
खुद ही खुद में उलझे जा रहे है।
बनावटी दुनियां बनाये जा रहे है।

***

5) मोर पंखउड़के मेरे करीब आया :-

स्पर्श में जिसकी कोमलता ,
रंग उसमे सारे संसार का ,
मेरे कृष्ण के मुकुट की जो सोभा ,
बाँसुरी के सिरे से उड़ता-उड़ता।
मोर पंख उड़के मेरे करीब आया।
गोकुल , मथुरा , वृज से सीधा मेरे आँगन है आया।
मोर पंख उड़के मेरे करीब आया।
लगता है कृष्ण का कोई संदेश है लाया।
मोर पंख उड़के मेरे करीब आया।
गोपी , राधा , मीरा , द्रौपदी सा बावरा बनाने।
मोर पंख उड़के मेरे करीब आया।

जन्म जिसका उत्त्सव बना है।
उस उत्त्सव के दिन आशीष लिए।
मोर पंख उड़ के मेरे करीब आया।

***

6) कुदरत का इशारा :-

कुदरत अपना काम करती है।
वो बात पक्की है ।
भले हमें दिखती नहीं ,
कुदरत है वो बात पक्की है।
अगर जाए हम कुछ काम पर
और दिल हमें रोकता है।

वो बात पक्की है।
जो नहीं होता हमारे लिए सही ,
तब कुदरत इशारा करती है।
वो बात पक्की है।
हम समझ नहीं पाते इशारे वो अलग बात है।
लेकिन कुदरत इशारा करता है।
वो बात पक्की है ।
समझाती तो बहोत है कुदरत ,
वो समझ सके ऐसी समझदारी कहां से लाये ।
अटकाती तो कई बार है कुदरत ,
कहां पर अटकना ऐसी जागृत्ता कहां से लाए ।

***

7) कर्मा :-

करता है हर कोई निश्चिंत,

अपना कर्मा अपने कार्यो से,
किसका कर्मा अच्छा ,
किसका कर्मा बुरा।
वो हम कैसे करे निश्चिंत ,
हम तो सिर्फ है माध्यम
किसी के अच्छे कर्मो के,
किसी के बुरे कर्मो के,
हक्क है कर्मो के फल देने का ,
सिर्फ और सिर्फ है कुदरत को।

8)कर्मो की गिनती :-

ऐ खुदा
कैसे तूने गिनती की ,
मेरी और आ रही बद्‌दुवा की,
गिनती तो तूने बखूबी की ,
मेरी और आ रही दुव्वा की ,
गिनती की तूने प्रविष्टि तक ना की ,
हा ! है मुझे तुझसे सिकायत ,
इतनी बड़ी गलती तूने कैसे की,
ऐ खुदा बता ,
मेरे कर्मो की कैसे तूने गिनती की।

***

9) कर्मो का योग :-

धर्म युद्‌ध से बड़ा,
ये कर्म युद्‌ध है।
शस्त्र नहीं है हाथ में ,

फिर भी लड़ रहा हर कोई है।
आविष्कार की ओड़ में ,
खो रहे अपना वजूद है।
बहोतो ने खोया अपने सवजनों को ,
मातम चारों और है।
इंसान को क्या पता ,
वो भोग रहे अपने कर्मो का योग है।

***

10) बुद्धिमान कौन ? :-

" भागवत गीता "
विदेशो में इसे एक विषय की तरहा पढ़ाते है।
हमारे यहाँ आज भी पूजा घरो में रख के सौभा बढ़ाते है।
बुद्धिमान कौन ?
जो इस के ज्ञान को पढ़के जीवन में उतारते है वो।
या जो पूजाघर में ही रख के सौभा बढ़ाते है वो।

बुद्धिमान कौन ?
जो घर में छुपे ज्ञान को छुपाते है वो।
या जो विदेश में जाकर ज्ञान अर्जित करते है वो।
बुद्धिमान कौन ?
अपनी संस्कृति को भूल के विदेशी संस्कृति अपना ना।
या विदेश में जाकर विदेशिओं से अपनी संस्कृति सीखना।
बुद्धिमान कौन ?
आप खुद ही तैय कीजिए , बुद्धिमान कौन ?

***

11) डिप्रेशन - प्रतिस्पर्धात्मकयुग की देन :-

युग है प्रतिस्पर्धात्मक का ,
बनना है अव्वल सब को एक दूजे से ,
नींद , भूख , प्यास भुला बैठे अव्वल आने के प्रयास में ,
निराशा ही निराशा होगी अगर सफलता ना मिली ,
निराशा डिप्रेशन कब बन जाय कुछ कह नहीं सकते।

"खुद बीमार होते हुए भी बीमार हूँ कह नहीं सकते " क्यूँ की बीमारी दिमाग़ी है।
वर्ना सुनने होगे ताने जमाने से पागल है ये तो ,
इलाज तो चाहता हूँ मैं करवाना ,
मन का चैन , दिल का सुकून ढुंढ ने जाए तो जाए कहाँ अब,
कौसता हूँ कई बार खुद को ,
अच्छा होता अगर प्रतिस्पर्धा से दूर रह कर जीने का लुफ्त उठाया होता,
आसान से जीवन को जीभरकर जीके बिताया होता ,
तो डिप्रेशन मूझे कभी भी छू ही ना पाता।

***

12) बचपन देखा :-

बहोत दिनों के बाद एक सपना देखा।
बचपन में तो रोज देखा करते थे ,
आज वो घर सपने में देखा।
आज फिर से वो गली वो सहर देखा।

जहाँ पूरा बचपन गुजारा वो घर देखा।
वो साइकिल की सवारी ,
वो मिट्टी में पैरो की छिलाई ,
वो दो पैसो की कुल्फी और गोलगपे से जीभ की चटारी ,
वो पापा के साथ स्कूटर की सवारी।
वो बहन भाई की जुढ़-मूढ़ की लड़ाई ,
वो दादा-दादी के साथ अपनी मनमानी।
वो स्कूल ना जाने का पेट दर्द का बहाना।
वो दोस्तों से लड़ाई के बाद का मनाना।
आज कई दिनों के बाद फिर से वो बचपन देखा।
आज तो पूरा नक्शा ही बदल चूका होगा उस घरका।
लेकिन सपने में ज्यों का त्यों देखा।
आज सपने में वो घर देखा , बीता हुआ बचपन फिर से देखा।

***

13) ऐ ख़ुदा मेरी खता कहां :-

बंदे ने ख़ुदा से कहां ,
मेरा कुसूर कहां।
तूने दिया वज़ूद ,
उसमे मेरी मर्ज़ी कहां।
आई नज़र मेरे वज़ूद में कमी ,
उसमे मेरी खता कहां।
बनावट ही है जो तेरी ,
उसमे मेरी खता कहां।
ना पसंद करे जमाना ,
उसमे मेरी खता कहां।
ऐ ख़ुदा तू ही बता ,
इन सब में मेरी खता कहां।

***

14) परलैंगिकता एक श्राप :-

मुझे अक्सर आश्चर्य होता है ,
की यह सच है या गलत?"
जब मुझे पता चला,
कि मैं माँ बनने जा रही हूँ,
वो सब से खुशी का पल था,

मेरे और मेरे हमसफ़र के लिए ,
सबको बताना था मुझे ,
जश्न मनाना था मुझे,
सीमा नहीं कोई खुशी की थी ,
मैं तो सातवें आसमान में उड़ने लगी,
उतने में आँख खुली,
पता चला ये तो ख़्वाब था।
मैं भूल ही गई थी,
मैं कभी माँ बन नहीं सकती,
सिर्फ इसलिए की मैं एक परलैंगिक हूँ।
मेरा रूप, मेरा व्यवहार, मेरे विचार,
मेरी भावनाएँ बिल्कुल एक महिला सी है।
वो सारे गुण है मुझ में , जो एक महिला में होते है।
मेरे सपने सारे वहीं है , जो एक महिला के होते है।
मैं अपने गर्भ में बच्चा धारण नहीं कर सकती।
सिर्फ इसीलिए की मैं एक परलैंगिक हूँ।
वजूद ही दिया है , उस रबने ऐसा ,
गलती मेरी है , या पिछले जन्म का कोई श्राप है।
मैं कुछ भूली नहीं मुझे सब याद है ,
परलैंगिक हु लेकिन क्या वो कोई श्राप है।

4. ऐ जिंदगी सुन

<u>1) सवालों के जवाब ढूंढ़ रहा हूँ :-</u>

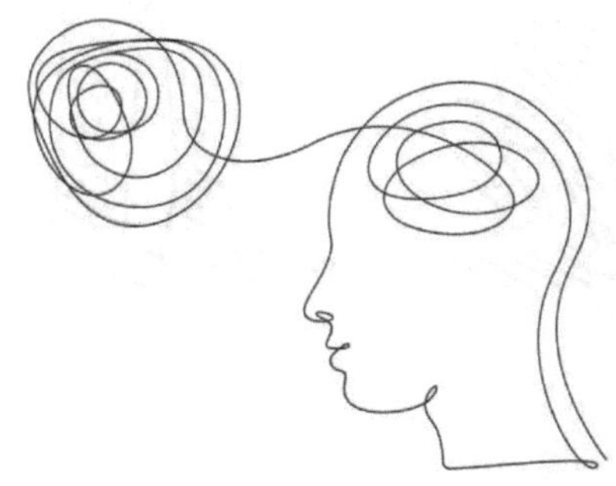

जो मेरे अंदर ही है ,
उसे बहार क्यों ढूंढ़ रहा हूँ।
जिन सवालों के जवाब मेरा पास ही है,
उसे बहार क्यों ढूंढ़ रहा हूँ।
एक रिश्ते का अंत जिंदगी का अंत थोड़ी है ,
हा ! पता है मुझे।
फिर भी ऐसे सवालों के जवाब ,
बहार क्यों ढूंढ़ रहा हूँ।

***

2) मैं क्यों ? :-

मैंने कभी किसी का दिल नहीं दुखाया,
फिर कोई मुझे क्यों चोट पहुँचाता है?
मुझे समझ नहीं आता मैं क्यों।
मैं सभी के साथ विनम्रता से बात करता हूँ ,
फिर कोई मुझ से शालीनता से बात क्यों नहीं करता?
मुझे समझ नहीं आता मैं क्यों।
मैं सबकी मदद करता हूँ ,
फिर कोई मेरी मदद क्यों नहीं कर सकता?
मुझे समझ नहीं आता मैं क्यों।
मैं हर समय सभी को प्रोत्साहित करता हूँ ,
फिर कोई मुझे क्यों निराश करता है?
मुझे समझ नहीं आता मैं क्यों।
मैं सभी में सकारात्मकता फैलाता हूँ ,
फिर कोई मुझ में नकारात्मकता क्यों लाता है?
मुझे समझ नहीं आता मैं क्यों।
मैं एक खुशमिजाज इंसान हूँ,
हर कोई जानता है,
फिर कोई मेरी खुशी को ठेस पहुंचाने की कोशिस क्यों करता है?
मुझे समझ नहीं आता मैं क्यों।

***

3) ठोकर :-

ठोकर बहोत कुछ सिखाती है।
जीने का नया सलीका सिखाती है।
जिंदगी का मतलब सिखाती है।
कहाँ रुकजाना है कहाँ चलते रहना सिखाती है।
छोटी ठोकर बड़ी मुसीबतो से बचाती है।
जिंदगी में ठैराव कितना जरुरी है।
ठोकर अच्छे से समझा देती है।

***

4) कब तक :-

ख़ुदको इस कैदखाने में ,
कैद करोगें कबतक ।
किसी की यादों के बंधन में ,
बंधकर रहोगें कबतक।
अद्रश्य बेडिओ में ,
झकड़े रहोगें कबतक।
एक ना एक दिन सारी बंदिशे तोड़नी ही होगी ,
उदासी के सिकंजे में रहोगें कबतक।

***

5) चल पडे है मेरे कदम :-

तुझ से सारे नाते तोड़ के ,
चल पडे है मेरे कदम।
तुझ से रुब्बरु होना पडे उन सारे रास्तो से दूर ,
चल पडे है मेरे कदम।
खुद का रास्ता बनाने ,
चल पडे है मेरे कदम।
तेरे दिए हुए दर्द को सीढ़ी बनाकर ,
चल पडे है मेरे कदम।
कामियाबी की और ,
चल पडे है मेरे कदम।

***

6) इंसाफ़ माँगा था :-

हमें बताया गया था ।
इंसाफ़ होगा ये कहां गया था।
हमें कैदी बनाया गया था।
बीना बेड़िओ के कैदखाने में रखा गया था ।
हमें अदृश्य घाव दिए गये थे ।
खुद ही मलम लगालो घाव पर कहां गया था ।
हमें सताया गया था ।
बीना किसी जुल्म के हम पे कहर ठाया गया था ।
इंसाफ़ ही तो माँगा था।
बस वहीं हमारा गुनाह था।
एस लिए हमे इतना सताया गया था।

***

7) कामयाबी की और :-

धीरे - धीरे,
आहिस्ता - आहिस्ता,
कदम मैं बढ़ाती रही।
मंजिल को पाने की राह में,
शब्दो का जोला भर के,
कागज़ - कलम के सहारे,
चल रही हूँ ।
लेखक बनने की राह में,
शायरी , कविता , कहानी के साथ में,
किताबे लिए हाथ में,
चल रही हूँ ।
मन चाहा मुकाम हाशिल करने ,
एक के बाद एक पढ़ाव को पार कर के
खुद का नाम कमाने ,
कामयाबी की और चल रही हूँ ।

***

8) मेरा तथ्य :-

आसानी से टूट जाऊ ,
खिलौना थोड़ी हूँ ।
हर किसी को चुभ जाऊ ,
खंजर थोड़ी हूँ ।
मुसीबत से भाग जाऊ ,
कायर थोड़ी हूँ ।
एक दिन कामयाब तो हो ही जाऊंगा।
कामयाबी का राज़ बताता फिरु ,
इतना पागल थोड़ी हूँ ।

***

9) दोस्ती :-

पता है आज क्या हुआ ,
से लेकर मेरे साथ ये क्यों हुआ।
सब बातें जिसे बताते हो,
वहीं सच्चा दोस्त है जान जाओ।
बस एक सच्चा दोस्त ही,
मुसीबत में काम आता है।
तू फ़िक्र ना कर में हूँ ,
कह कर आपका साथ निभाता है।
उदासी में आपके चेहरें पर ,
हंसी वो ले आता है।
पांच मिनिट के लिए किया फ़ोन हो ,
तो अपनी बक-बक से घंटो पकाता है।
आपकी सारी बेफिशूल सी बातें ,
सुनकर भी गलत घारणा नहीं बांधता।
आप जैसे भी हो वैसे आपको अपनाता है।
बस एक सच्चा दोस्त ही उम्र भर काम आता है।

***

10) किसने देखा :-

रूह को देखा नहीं ,
किसीने भी रोते हुए।
सांस को देखा नहीं ,
किसीने भी सोते हुए।
दिल को देखा नहीं ,
किसीने भी दर्द से टूटते हुए।
ये तो सब मेहरबानी दिल फेक आशिको की ,
जो सब कर गुजर के सारे नाते तोड़ के जाने की।

***

11) मुसीबते :-

मुसीबते आती है,
हर बार मुझे तोड़ने के लिए।
दिल कहता है,
ये आखरी मुसीबत है तेरे सहने के लिए।
अभी संभले ही होते है ,
तब वक़्त हमें फिर से बिखेर के रख देता है।
तब दिल कहता है।
चल उठ खड़ा हो,
तैयार हो एक और मुसीबत सहने के लिए।

***

12) हंसीकेआंसू बोले :-

कई बार आँखों से बीन बजा आंसू चले आते है।
रुकते भी ना मेरे रोकने पर वो ,
रोक लिया हंसी ने उसे एक दिन और कह दिया।
करले तू अपना बंदोबस्त कहीं और ,
इस घर में अब मेरा राज़ है।
अगर रहना हो तुझे भी इस घर में ,
ग़म के नहीं मेरे साथ तुझे होगा रहना।
तो ही तुझे यहाँ रहने की इजाज़त है।
तब से हंसी के साथ आंसू भी निकल जाते है।
जिसे हम ख़ुशी के आंसू कहते है।

***

13) शायद मेंकल नारहूँ :-

शायद मैं कल ना रहूँ ,
फिर भी तेरी सांसो में मौजूद मिलु।
शायद मैं कल ना रहूँ ,
फिर भी तेरी धड़कनो में धड़कता मिलु।
शायद मैं कल ना रहूँ ,
फिर भी तेरी रूह में शामिल रहूँ।
शायद मैं कल ना रहूँ ,
फिर भी मेरी शायरिओं में जिन्दा मिलु।
शायद मैं कल ना रहूँ ,
फिर भी आसमान में सितारों सा टिम-टिमाता मिलु।

***

14) स्वास्थ्य :-

जीवन में दो चीजे है जो आपके लिए महत्वपूर्ण है।
अगर आप शारिरीक रूप सबल हो ,
तो जरुरी नहीं ,
आप मानसिक रूप से भी सबल हो।
अगर आप मानसिक रूप से सबल हो ,
तो जरुरी नहीं ,
आप शारिरीक रूप से भी सबल हो।
आप शारिरीक रूप से अस्वस्थ हो ,
तो आपके मानसिक स्वास्थ्य ख़राब होगा ही।

अगर आप मानसिक रूप से अस्वस्थ हो ,
तो आपका शारिरीक स्वास्थ्य ख़राब होगा ही।
संतुलित रखना दोनों स्वास्थ्य को ,
रामबाण इलाज है खुश रहना , स्वादिष्ट आहार लेना।

***

15) जिंदगी गुजरी :-

एक-एक पल झोड़ के घंटा गुजारा।
एक-एक घंटा झोड़ के हप्ता गुजारा।
एक-एक हप्ता झोड़ के दिन गुजारा।
एक-एक दिन झोड़ के महीना गुजारा ।
एक-एक महीना झोड़ के साल गुजारा।
एक-एक साल झोड़ के जिंदगी गुजरी।

***

5. प्यार, इश्क़, मोहब्बत

1) दिल के साथ बातचीत :-

कोई तो खास आयेगा जीवन में,
लेकिन कब आयेगा ? पता नहीं।
कोई तो दिल चुरायेगा मेरा ,
लेकिन कब चुरायेगा ? पता नहीं।
कोई तो है जो मेरे लिये खास है,
लेकिन हम किस के लिए खास है ? पता नहीं।
कोई तो है जिसका मुझे इंतज़ार है ,
लेकिन किस का ईतजार है ? पता नहीं।
तेरा अस्तित्व तो है ,
लेकिन तेरा नाम क्या है ? पता नहीं।
तू कहीं तो है ,
लेकिन तू अभी कहां है ? पता नहीं।
शायद में तुजे ना ढूंढ़ सकू ,
लेकिन तू मुझे ढूंढेगा वो पक्का पता है।

***

2) इश्क़ का इत्तर :-

फ़ीकी थी जिंदगी, ना कोई रंग थे जीवन में।
यू तेरे आने से भर गई सुगंध मेरे जीवन में।
इश्क़ में ऐसे डूबे, नीले पानी में जैसे शाख।
डूबके नीकले बाहर तो मेहके हम जैसे ईत्तर।
तेरे सगं चल के लगा जीवन में जैसे हरियाली।
काली रात भी अब लग ने लगी मुझे गुलाबी।
जाना ना कभी मुझे छोड़ के बीच राह में।
यू ही मेहकाय रखना जीवन मेरा हर हाल में।

***

3) महौब्बतकीपुख़्तानिशानी :-

दिल तो वैसे सेकड़ो बार धड़का।
महौब्बत में धड़कने की रीत निराली।
याद में उनकी धड़कनने की खूब मनमानी।
आवाज़ को उनकी सूनते ही ,
धड़कन को चढ़ती उनकी खुमारी।
मुलाकात होंगी उनसे कल-परसो में ,
इस एहसास से ही ,
धड़कनो का सुरुर ही बदल जाता।

सामने आते ही उनके नज़रो के ,
दिल मेरा जोरो से गानें गाता।
उनका हो जाने के सिर्फ़ एहसास से ही,
दिल मेरा झूमें जा रहा है।
मेरा दिल महौब्बत में मधहोस हुए जा रहा है।
ऐ दिल सभंल ले थोड़ा ,
क्यों की यही है महौब्बत की पुख़्ता निशानी।

***

4)दिल-ए-इज़हार :-

तेरी याद आने के लिए ,
तेरे जिंखर की ज़रुरत नहीं।
तुझे देखने का मन करे ,

तो मुझे तेरी तसवीर की ज़रूरत नहीं।
तुम छप गए हो ,
दिल की किताब के पहले पन्ने पर ,
तो मुझे अब पूरी किताब पढ़ने की ज़रूरत नहीं।

***

5) इश्क़ का बुखार

सारे बुखारों में है ख़तरनाक ,
इश्क़ का बुखार है ला इलाज ,
इश्क़ है या नहीं तुझे ,

दिल को तो मेरे इश्क़ का है बुखार ,
तू अभी आस-पास नहीं ,
है तेरा एहसास।
बन गइ है आजकल ,
मेरे सीने में तेरी जगह ख़ास।
दिल को मेरे इश्क़ का है बुखार।

***

6) फ़िज़ा में प्यार :-

हवा तुझे छूकर गुजरि ,
तो पाक हो गई।
आग के पास से तू गुजरि ,

तो वे राख हो गई।
बाग़ में कली के पास से तू गुजरि ,
तो वे खिल-खिला उठी।
एक दफा तूने क्या देखा मुझे ,
मेरी जिंदगी आबाद हो गई।

***

7) समंदर सा प्यार:-

अगर तुम मापना चाहो महौब्बत हमारी ,
तो माप ना सकोगें।
क्यों की उसमे समंदर सी गहराई है।
अगर तुम पाना चाहो चाहत हमारी ,
तो नदीसा मुझ में समझाना ,
मैं अपने आग़ोश तुझे में छुपा लूंगा।

***

8) कबूल है :-

जो नहीं किये वो सारे गुनाह कबूल है।
जो बाकी रह गये लगालो सारे इल्जाम ,
वो सारे इल्जाम कबूल है।
अगर कहो हमें बेवफ़ा ,
हमें बेवफ़ा का खित्ताब कबूल है।
गुन्नाह बस यही था , एक गुस्ताखी कर बैठे ,
आपसे प्यार करने की हिमायत कर बैठे ,
प्यार गुन्नाह है और उसकी सजा " सजा-ए-मौत " ,
तो सोख से सुन्ना दो - " हमें सजा-ए-मौत कबूल है। "

***

9)बेनाम बंधन :-

अजीब सा रिश्ता है हमारा ,
कोई डौर नहीं ,
फिर भी बंध रहे है।
मुलाकात को ,
दिल तड़प रहे है।
अनजान है रिश्ते ,
फिर भी एक दूजे के दिल में पनप रहे है।
ख्वाहिसे है अनेक ,
उसे जीने को मचल रहे है।
बेनाम बंधन में बंध के रिश्ते स्वर रहे है।

***

10) दिलकेकिरायदार:-

मैं लिखना चाहतीं हूँ तुम्हें ,
लेकिन लब्ज़ मेरे उधारी के है।
मैं रेहना चाहतीं हूँ दिल में तुम्हारे ,
लेकिन किराया बड़ा मेहंगा है।
मैं खरीद सकु प्यार तुम्हारा,
लेकिन उतनी मेरी औकात कहां है।

***

11)कोन सीदवा लू:-

ना तुझे पा सकू ,
ना तुझे खो सकू
ना मैं हंस सकू ,
ना मैं रो सकू ,
ना मैं जाग सकू ,
ना मैं सो सकू ,
अब तु ही बता ,
मेरे इस मर्ज की कोन सी दवा लू।

***

12) अन कहेअल्फ़ाज़ :-

तेरी मेरी अधूरी गाथा लिखनी थी।
गये जन्म में अधूरी छूटी थी ,
वो कहानी लिखनी थी।
क़िरदार नये थे हमारे फिर भी ,
मुझे तो पुरानी प्रेम कथा लिखनी थी।
ठहरे होते तुम थोड़ा और तो ,
मेरी कलम और तेरे राग से ,
पूरी जिंदगी लिखनी थी।

***

13) मेरे लिए तू :-

मेरी कस्ती का किनारा है तू ,
मेरी राह की मंजिल है तू ,
मेरी नींद का ख़्वाब है तू ,
मेरी रूह का सुकून है तू ,
मेरी जिंदगी का अंश है तू ,
मेरे दिल का चेन है तू ,
मेरे लबों की मुस्कान है तू ,
मेरे सवाल का जवाब है तू ,
अब क्या कहूँ।
मेरे लिए कितना खास है तू ,
मैं कहूँ या ना कहूँ ,
मेरा पहला प्यार है तू।

***

14) तारीफ़ में क्या कहूँ :-

अगर हवा तुजे छूके गुज़री ,
तो वो पाक हो गई।
आग के पास से तू गुज़री
तो वो जलके राख हो गई।
बाग़ में कली के पास से तू गुज़री
तो वो सरम से झुक गई।
एक दफ़ा क्या देखा तूने मुझे ,
मेरी जिंदगी आबाद हो गई।
इस से ज्यादा तेरी तारीफ़ में मैं क्या लिखू।

***

15) कुछ सवालथे :-

मेरी खामोशी को ,
लिखे बगैर पढ़ लेते थे।
मेरे आँखों के आंसू को ,
निकले बगैर देख लेते थे।
मेरे लबों की हंसी से ,
ख़ुशी की वजह जान लेते थे।
मेरी दबी आवाज को सूनकर ,
' कैसे हो तुम ' पूछ लेते थे।
इतना सब कुछ मेरे बारे में ,
मुझ से भी ज्यादा जान लेते थे।
ये सब कुछ तुम कैसे कर लेते थे।

***

16) हमसफ़र :-

मैं ढूंढू एक हमसफ़र ,
समझदारी कम पड़ गई मेरी ,
इसे लिए सलाहकार ढूढ़ रही हूँ ।
बहोत से रिश्ते है मेरे ,
फिर भी एक सच्चा रिश्ता ढूढ़ रही हूँ ।
चल तो पड़ी हु अकेले जिंदगी के सफर में ,
फिर भी बीच राह में हमसफ़र ढूढ़ रही हूँ।
यु तो ना कमी थी किसी की जिंदगी में,
फिर क्यों लगा किसी की कमी रह गई जिंदगी में ।
आधी कट गई आधी बाकी है जिंदगी मेरी ,
फिर भी ढूँढू मैं एक हमसफ़र।

6. जुदाई , धोका , बेवफ़ाई

1) मैनेभेदनहीदेखा

बस बात कर लेते है सब से ये सोचकर ,
हमें तो तन्हाई में सहारा ना दिया किसी ने ,
टूटे दिल के टुकड़ों को खुद संभाला मैने।
खुद गीर के खुद उठके खुद को संभाला मैने।
अनजानी राह पर चलके खुद अपनी राह बनाई मैने।
एक-एक लब्ज़ चुनके फिर शायरी बनाई मैने।
तब जाकर शायर की उपाधी पाई मैने।
क्या हाल हुआ होगा उस शख़्सका जिसने मेरे जैसी ठोंकर खाई होगी।
तन्हाइओ में डुबके बेसहारा भटका होगा।
बहोत रोया होगा,
बहोत तडपा होगा ,
दिल उसका भी टूटा होगा।

उस दिन को उसने कोसा होगा ,
जिस दीन महौब्बत का इज़हार उसने किया होगा।
तब देके दिलाशा ना आंसू उसके किसी ने पोछे होगें।
तब हाथ उसका ना किसी ने पकड़ा होगा।
तब ना किसी ने उसे सिने से लगाया होगा।
अगर किया नज़र अंदाज हम ने भी ,
तो क्या भेद सब में और मुझ मैं होगा।

***

2) मेरा तो यारबदला

समय के साथ सब बदल जाता है।
जो साथ निभाने का वादा करते थे ,

वो शख़्स बदल जाते है।
जिसका इंतजार किया गया हो एक दाइके तक,
इंतजार ख़तम होते ही ,
वो शख़्स पलट जाते हे।
जन्मो जनम का साथ निभाने का वादा करने वाले ,
वो शख़्स बदल जाते है।
सात फेरों के बंधन सात महीने भी टिक नहीं पाते है।
जो कहते थे आँख में आंसू नहीं आने देंगे ,
वो शख़्स बदल जाते है।
वहीं आपको आंसू के समंदर में डूबा के चले जाते है।
क्या हुआ ? कैसे हुआ? कब हुआ? ये सब कैसे हो गया ,
इसका फ़र्क दिल और दिमांग समझ पाये ,
उससे पहले ही सब बदल जाता है।
कोसते रह जाते हो आप खुद को ,
कैसे भरोसा कर लिया किसी गैर पर ,
जो आपको अपना बना के ख़ुद गैर बन गए।
वादा करते थे वो के एक दिन भी जी नहीं पायेंगे
आपको देखे बगर ,
उनका बिना आपको देखे गुजारा चल जाता है।
इसी लिए तो कहते हे हम।
उसने गिरगिट की तरहा अपना रंग बदला।
उसने मौषम की तरहा अपनी चाल बदली।
और कैसे कहे हम सबको।
केसे मेरे यारने अपनी चाहत बदली।

***

3) वोधरती आज शमशान होगई:-

जहां ख़िला था प्यार का पहला फूल,
वो धरती आज शमशान हो गई।
जहां हुई पहली मुलाक़ात थी,
वो धरती आज शमशान हो गई।
जहां अपने दोस्ती की शुरुवात हुई ,
वो धरती आज शमशान हो गई।
जहां अपने प्यार का इज़हार हुआ,
वो धरती आज शमशान हो गई।
जिस रास्ते पर चले थे हाथ पकड़ कर,
वो धरती आज शमशान हो गई।
जहां पे अपनी मुलाकातों की यादें बस्ती थी,
वो धरती आज शमशान हो गई।
अपनी मुलाकातों के अंत के साथ ही,
वो धरती आज शमशान हो गई।

***

4) जब दिल ही दुश्मनी पर उतर आया :-

मेरा दिल ही आज दुश्मनी पर उतर आया।
उनसे दिल्लगी कर बैठा जो बेग़ैरत थे ,
और उन्हीं को मेरे क़तल की सुपारी दे आया।
मुझे इलम होता इस बात का ,
उस्से पहले दिल मेरा ग़दारी पर उतर आया।
गैरों से हाथ मिलाके ,
मेरा दिल दुश्मनी पर उतर आया।
अंजानो से साझेदारी कर के बड़ा दाव लगा आया ,
मुझे भनक हो उससे पहले सब हार आया।
मेरा दिल दुश्मनी पर उतर आया।
मेरी इजाजत के बगर ये फ़ेशला कर आया ,
सब कुछ न्यौछावर करके ,
आख़िर में दिल भी दाव पर लगा आया।

मेरा दिल दुश्मनी पर उतर आया।
किस्से सिकायत करते आखिरकार।
जब मेरा दिल ही ऐसी हिमायत कर आया।
सारी हदें तोड़ के ,
मेरा दिल ही आज दुश्मनी पर उतर आया।

***

5) घायल दिल :-

दुनियां भरके घाव को ,
ख़ामोशी से छुपाया।
धोखा खा के जख़्म को ,
झूठी हंसी से छुपाया।

कुछ भी ठीक ना होते हुए ,
सब ठीक है ये जताया।
नम आँखों से भी ,
अक्सर मुसकुराते रहाना।
छोटी - छोटी बातों पर ,
बेवजह गुस्सा हो जाना।
घायल होते हुए भी
कभी इलाज ना करवाना।
इश्क़ तेरा भी सच्चा।
इश्क़ मेरा भी सच्चा।
फिर क्यू नशीब में लिखी जुदाई।
हा ! माना सब तक़दीर का है खेल।
फिर तक़दीर ने मिलवा के क्यों की जुदाई।

***

6) बिछड़े तो :-

सुन तो सही ,
क्या है हमें कहना ,
तुझ से इश्क़ है।
हमें आज भी गहरा ,
फ़िलहाल तो बिछड़े है।
करके वादा मिलेंगे अगले जन्म में ,
भूल ना जाना हमें।
मिलके अगले जन्म में ,
भूल ना जाना वादा,
जो किया है तूने इस जन्म में।
फ़िलहाल तो बिछड़े है।
करके वादा मिलेंगे अगले जन्म में।

***

7) तुम :-

तुम वो नींद हो ,
जिसे हम सौ ना सके।
तुम वो ख़्वाब हो ,
जिसे हम पा ना सके।
तुम वो हवा हो ,
जिसे हम छू ना सके।
तुम वो औष की बून्द हो,
जिसे हम पि ना सके।
तुम मेरा गुजरा हुआ कल हो ,
जिसे हम आज में शामिल ना कर सके।

***

8) एदिल महौब्बत नाकरना :-

दिल के दरवाज़े पर कुंडी लगाके ,
चौकीदार बने खड़े है।
दूर से दिखी महौब्बत जो आते ,
डंडा लिए हाथ में तैयार खड़े है।
क्यों की अब इजाजत ही नहीं ,
इस दिल को महौब्बत की।
मुझे देनी ही नहीं परवानगी ,
इस दिल को महौब्बत की।

***

9) ग़लतफहमी :-

प्यार और नफ़रत झगड़ रहे थे एक दफ़ा ,
दोनों में से जीतेगा कौन ?
झगड़ के थक हार के रूढ़ के बैठे थे कौने में ,
उनको मिला ऐगा कौन ?
साइड में बैठकर ग़लतफहमी ,
मुस्कुरा रही थी।
ग़लतफहमी बोली झगड़ने दो दोनों को ,
उनको रोकेगा कौन ?

***

10) हंसती है दुनिया मेरा हाल देखके :-

जो किया था मैने फेशला ,
उसका अंजाम देखके।
हंसती है दुनिया मेरा हाल देखके।
जो निभा ना सके तुम वादा ,
उसका अंजाम देखके।
हंसती है दुनिया मेरा हाल देखके।
जो सिद्दत से पाई थी महौब्बत ,
उसका अंजाम देखके।
हंसती है दुनिया मेरा हाल देखके।

***

11) भाषा :-

जो जैसा लिखा गया ,
वैसा पढ़ा नहीं गया ।
जो जैसा बोला गया ,
वैसा सुना नहीं गया ।
जो जैसा सुना गया ,
वैसा बताया नहीं गया ।
जो जैसा समझ में आ रहा है ,
वैसा वो है ही नहीं।
ये तो भाषा है मेरी जान ,
जिसमे सब कुछ कह जाने के बाद भी ,
कुछ भी कहां नहीं जाता।

***

12) दिल को आराम पर छोड़ रखा है :-

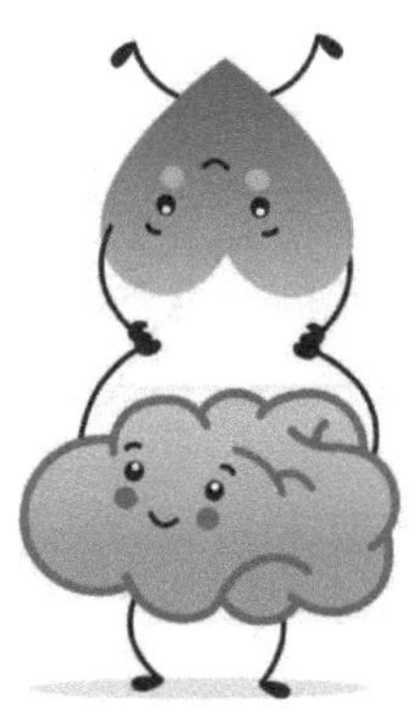

तेरे जाने के बाद ,
इस दिल को आराम पर छोड़ रखा है।
सच को झूठ का कफ़न पहनाकर ,
दुनिया की आँखों में धूल झोख रखा है।
बिखरे दिल के टुकड़ो को कौने में समेट के ,
दिल को पथ्थर दिल बताये रखा है।
दिम्माग को दिल के काम पर रख कर ,
इस दिल को आराम पर छोड़ रखा है।

***

13) तेरी याद में :-

तेरी याद में हम नहीं रोये ,
फिर भी ये आँखे रोइ है।
तेरी याद में हम नहीं भूले,
ये पलके झपक ना भूली है।
तेरी याद में हम नहीं भूले,
ये धड़कने धड़कना भूली है।
तेरी याद में हम नहीं अटके,
ये साँसे जैसे अटक सी गई है।
तेरी याद में हम नहीं चुप हुए,
ये जूबा चुप सी हो गई है।
बस ये आँखे है जो बीना बोले,
आंसू बहा के बोलती जा रही है।
तेरी याद में हम नहीं रोये ,
फिर भी ये आँखे रोइ है।

***

14) रातभर :-

तुम आओगे इस इंतजार में ,
राह तकते रहे रातभर।
पलके मेरी भारी थी ,
फिर भी नींद नहीं आई रातभर।
तेरे इलावा किसीका भी जिखर ,
मेरे दिल ने ना किया रातभर ,
तेरी ना मौज़ूदगी में तेरे फ़ोटो से ,
बात करते रहे रातभर।
आपसे कितनी महौब्बत है ,
उसका इजहार करते रहे रातभर।
अकेले बोलते रहे हम ,
मेरी बाते सुनने ना आया कोई रातभर।

आसमान में सित्तारे तो थे ,
सिर्फ चाँद ने मेरी हां में हामी भरी रातभर।

***

15)मेरे हाथो में तेरा हाथ :-

मेरे हाथो में तेरा हाथ हो ऐसे।
कुदरत का कोई कमाल हो जैसे।
बीन सावन हुई बरसाद हो जैसे।
मेरे चेहरे की हंसी की वज़ह तुम हो जैसे।
पूरी जिंदगी गुज़ारलू तेरे संग ऐसे ।
सिर्फ तेरे हाथो में मेरा हाथ हो ऐसे।

***

16) बीते हुए लम्हें :-

तुझे याद नहीं करना चाहते ,
तेरी यादें मुझे सताती है।
बीते हुए लम्हें की एक-एक झलक ,
मेरी आँखो के सामने से गुजर जाती है।
वो भी क्या दिन थे ये कहते कहते ,
मेरी जुबान भी थक जाती है।

***

17) भले ही तुम लोट आओ :-

हम वहाँ खड़े नहीं होंगे ,
जहाँ पर छोड़ के तुम गये थे।
चोट हमारी भरी नहीं होगी ,
जिसे देते हुए तुम गये थे।
देखेंगे भी नहीं वो रास्ता ,
जहाँ पर तुम खड़े होंगे।
भले ही तुम लौट आओ।
हम वहाँ खड़े नहीं होंगे ,
जहाँ पर छोड़ के तुम गये थे।

***

18) नज़र हैरान है :-

नज़र हैरान हो जाती है ,
तुझे यु बदला-बदला सा देखकर।
किसी और के कंधे पर ,
सर रखकर सोते हुए देखकर।
किसी और का हाथ थामे ,
राहो में चलते हुए देखकर।
अचनाक कभी राह में मिलके ,
नज़र भरके भी मुझे ना देखकर।
नज़र हैरान हो जाती है ,
तेरी बदली हुई शख़्सियत देखकर।

***

19) आंसू क्यों निकले :-

इन आँखों से निकलते आंसू की किंमत ,
ना कोई समझ पाए।
इस आंसू के पीछे छिपे दर्द को ,
ना कोई समझ पाए।
जब हमने खुद समझ ना चाहा तब भी,
ना हम समझ पाए।
तब भी आँखों से आंसू निकले।
अब कैसे समझाए के ये आंसू क्यों निकले जाए।

***

20) तू रुठा तो :-

Enter Caption

सपना भी टूटा ,
दिल भी टुटा ,
नींद भी छुटी,
साथ भी छूटा,
मेरे हाथ से तेरा हाथ भी छूटा,
तू रुठा तो ऐसा लगा ,
मेरा ख़ुदा ही हो मुझसे रुठा।

7. विरल की कलम के अंश

<u>1) ऐसे ही नहीं कोई शायर बन जाता है</u>

ऐसे ही थोड़ी कोई शायर बन जाता है।
वो तो अपने अधूरे दिल की दास्ता सुनाता है।
दिल के हालात लब्जो से सुनाता है।
मजबूर होता है वो दिल के हाथों ,
ऐसे ही थोड़ी कोई शायर बन जाता है।
तुड़वाना पड़ता है दिल ,
सहनी पड़ती है जुदाई ,
सुनने पड़ते है समाज के ताने ,
तब जाकर उम्दा शायरी कर पाता है।
ऐसे ही नहीं कोई शायर बन जाता है।

***

2) दिल को दर्द से राहत दू ?

दिल को दर्द से राहत दू ?
क्या इस दिल को दर्द से राहत दू ?
क्या इस दिल को किसी को चाहनें की इजाज़त दू?
ज़ख्म इतने गहरे है , जल्दी नहीं भरेंगे पता है।
क्या इस दिल को जीने का एक और मौका दू?
क्या इस दिल को सीने से निकाल के रख दू?
वक़्त हर ज़ख्म का इलाज है हा पता है।
सारी दिल की बेचैनिओ को छोड़,
चलो आज दिल को दर्द से राहत दू।

***

3) ना सताया करो

ना सताया करो हमें ,
इस दिल से आह निकलेगी।
ना सताया करो हमें ,
इस आँख से आंसू की धार निकलेगी।
ना सताया करो हमें ,
इस रूह से अब तो ये जान निकलेगी।

***

4) गैरों से नाता

रूढ़ो ना हम से ,
हमें मनाना नहीं आता।
जाना ना छोड़ के ,
हमें वापिस बुलाना नहीं आता।
बस सताते है तुम्हें ,
तुम अपने हो।
वर्ना गैरों से नाता जोड़ना ,
हमें नहीं आता।

***

5) Social Breakup

Last Seen तो कब का बंध कर रखा है।
Instagram , WhatsApp , Facebook ,Twitter , Messanger
सब पर तुझे Block कर रखा है।
Call करने की कोशिस ना करना,
क्यों की तेरे Number को Block List में डाल रखा।
किसी और के Phone Number से call करोंगे तो भी उठेगा नहीं,
क्यों की हमने अपने Phone को Silent Mode पर छोड़ रखा है।

***

6) सिकायते " FACEBOOK "

Enter Caption

तेरी ये बात मुझे पसंद ना आई ,
OFFLINE होते हुए भी ONLINE दिखाना।
जिसे गुज़रे जमाना हुआ उसे SUGGEST FRIEND लिस्ट में बताना।
जिन यादों को ना सिर्फ PHONE से ,
बल्कि दिलो दिम्माग से निकाल चुके है ,
उसे साल-साल में दिखाकर ,
GOOD MEMORY बताता है।।
तू मेरा फ्रेंड होकर तू ऐसा हर बार क्यों करता है।
FACEBOOK
तेरी ये बात मुझे पसंद ना आई।

***

7) सुना है जासूस छोड़ रखे है

पता है मुझे ,
तूने मेरे पीछे जासूस छोड़ रखे है।
अब क्यों डरु मैं किसी से,
जब की तुमसे जो सारे नाते मैने तोड़ रखे है।
तेरी मेहनत कैसे में जाया जाने देती,
इस लिए चौराहे पर मंदिर खोल रखे है।
एक दफ़ा तू बैठाकर तो देख किसी को,
खैरात बाटने के लिए मैने चिल्लर बहोत झोड़ रखे है।

***

n

8) Last see

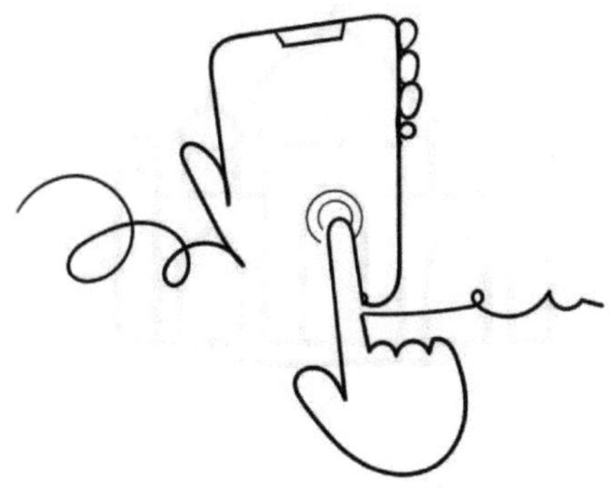

आज कल ,
बात नहीं करते।
फिर भी उनका,
Last seen देखकर खैर मनाते है।
सब ठीक होगा ,
ये कहकर दिल को मनाते है।

***

9) ताज देखा

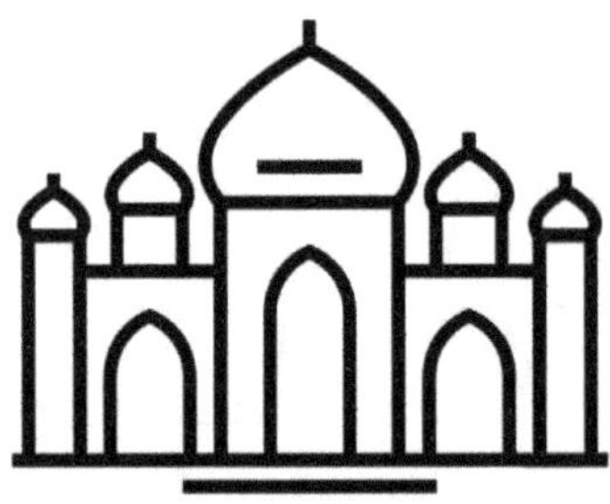

ताज महल देखा ,
ताज के नीचे धसी कबर कहां देखी सबने।
महौब्बत की निशानी देखी ,
महौब्बत साबित करने में ,
खुद की ही कबर गाढ़दी,
ये कहां देखा सबने।

***

10)INDEX

पढ़ना चाहु उसे ,
लेकिन पढ़ भी ना पाउ।
एक कित्ताब ऐसी ,
जिस के INDEX के आगे ना बढ़ पाउ।
उतरना चाहु ,
कहानी की गहराई में।
फिर भी उत्तर ना पाउ ,
एक कित्ताब ऐसी जिसे में ना पढ़ पाउ।

***

11) ONLINE /OFFLINE

ये ONLINE के ज़माने की ,
बात निराली है।
ऐक- दो दिन गलती से अगर बंदा,
दिखता नहीं ONLINE
तो हो जाती है मन में संका।
बंदा सच में सिर्फ OFFLINE है।
या हमेसा के लिए OFFLINE हो गया ।

***

12) POINT OUT / NOTE DOWN

कड़वा है लेकिन सत्य है।
तुज में लाख खूबी सही ,
तेरी एक गलती को
' POINT OUT ' करेगा जमाना।
तू लाख कोशिस करले अच्छाई की,
तेरी एक गलती को ,
' NOTE DOWN ' करेगा जमाना।

***

13) IGNORE

कोई अपना IGNORE करे ,
उससे पहले जाग जाओ यारो।
गहरी नींद से उठ कर ,
अपने लिए भी थोड़ा भाग लो यारो।
कोई नहीं आएगा तुम्हें संभालने ,
गिरके खुद ही संभलना पड़ेगा।
'वीर' कह रहि तुम्हें ,
ये बात गौर से जान जाओ यारो।

***

14) दिल का TRAFFIC JAM

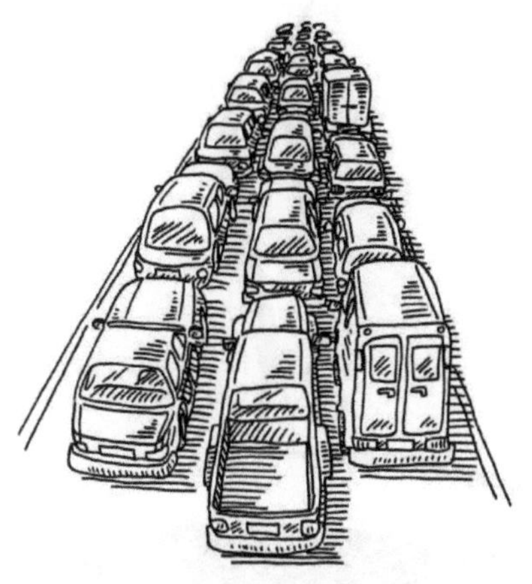

TRAFFIC JAM लगा हुआ है।
तेरे दिल तक पहुंचने के रास्ते में।
कब से चौराहे पर खड़े है।
SIGNAL RED से GREEN ,
होने के इंतजार में।

***

15) चाय

चाय सी गर्म में ,
तो चलो गर्म सही।
भले चाय से कम ,
लेकिन नशीली सही।
संभल के पीना मुझे ,
ऐ मेरे आशिक़।

लबो को जला भी सकती हूँ।
रोज की आदत भी बन सकती हूँ।

***

16) स्याही

दिल का हाल लिख सकते थे,
कोरे पन्नो पे।
किताब के आखरी लाइन के ,
भरने से पहले।
हुई गलती को सुधार सकते थे ,
स्याही के सुख ने से पहले।

***

17) तकिया

ये तकिया भी कमाल की ,
वफ़ा कर जाता है।
किसी की बेवफ़ाई के आंसू ,
खुद पी जाता है।
हमारे दर्द की दास्तां सुनकर भी ,
ख़ामोश रह जाता है।
हमें चेन की नींद सुलाकर ,
पूरी रात जागता है।

***

18) धड़कन

एक नग़्म सुनानी थी।
एक कहानी सुनानी थी।
तुझे वक़्त कहां था सुनने को,
मुझे दिल की हर एक ,
धड़कन तुजे सुनानी थी।

***

19) हक़ीम

हक़ीम हो क्या तुम मेरी हंसी के ,
यु तेरी मौज़ूदगी से ,
सारे ग़म भाग जाया करते है।
तेरी ना मौज़ूदगी में ,
ये ग़म मुझे बहोत सताते है।

***

20) रिश्वत

तेरी फरियाद भी की ,
तो दिल के थानेदार ने ,
फरियाद तक कबूल ना की मेरी ।
शायद उसने भी ,
तेरे प्यार की रिश्वत से ,
अपनी जेब भरी होगी।

***

<u>21) बदनाम</u>

ये मत समझिये के ,
हम तेरे गुलाम हो गए।
ये तो महौब्बत थी हमारी,
ज़माने में बदनाम हो गए।
यु तो किसी की हिम्मत ना थी ,
आँख उठाकर देखने तक की भी।
जो आज तेरे जाते ही ,
ज़माने में तेरे नाम से बदनाम हो गए।

***

22) डायरी

वो गुलाब जो तुम्हें दे ना सके।
उसे मेने अपनी डायरी में ,
संभाल के आज भी रखा है।
वो बात जो तुम्हें कह ना सके।
उसे अपने डायरी में ,
लिख के आज भी रखा है।
कोई देख के पढ़ ना सके ऐसे ,
उस डायरी को ,
अलमारी में छुपाके आज भी रखा है।

***

23) फ़र्क

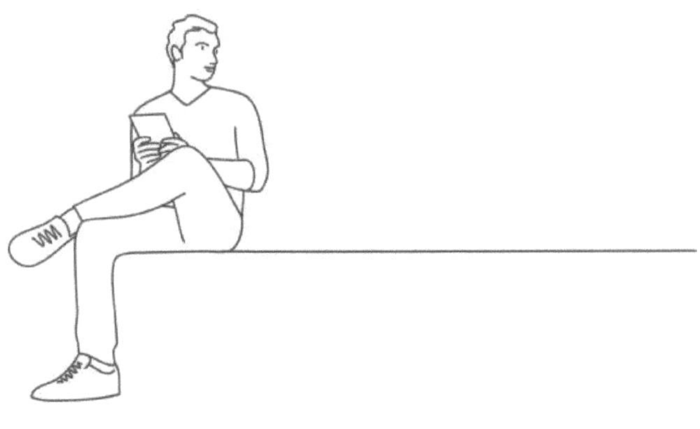

क्या फ़र्क पड़ता है।
पी के लिखू ,
या लिख के पी लू।
अब तो हो ही गई है तू मुझसे रुख़्सत।
क्या फ़र्क पड़ता है।
थोड़ा सुधरलू ,
या सुधर के थोड़ा बिगड़ लू।

***

24) वक़्त

वक़्त - वक़्त की बात है।
आज तेरा है ,
कल मेरा आयेगा।
अच्छे से अच्छा गुज़र गया तो ,
बुरे से बुरा भी गुज़र ही जाना है।
घड़ी तो एक बहाना है,
वक़्त को थामे रखने का।
वक़्त को कौन रोक पाया है आज तक,
तो हम उसे रोक पाएंगे।

***

25) सरगम

दिल की सरगम ,
सुनानी है आपको।
शायद आप ना हो ,
कला के जानकार।
फिर भी मेरे दिल से छेड़ी हुई सरगम,
आपके दिल को छू जायेगी।

**

26) बेफिशूल कोशिसे

मैने हाथ छुड़ाकर तेरा ,
तुझसे दूर जाना चाहा।
दूर जाकर तुझ से ,
तुझे भूल जाना चाहा।
भुलाते-भुलाते तुझ को ,
दिल से निकालना चाहा।
ये सारी बेफिशूल कोशिसे थी,
जो कभी ना पूरी हुई।

***

27) जिश्म और रूह

ये महौब्बत भी अजीब है।
किसी की आँखों से शुरु होकर ,
जिश्म पर आकर ख़त्म होती है।
किसी की आँखों से शुरु होकर ,
रूह में जाकर समां जाती है।

**

28) हिचकी

हमें याद ना किया करो ईतना ,
हमें हिचकी बहोत आती है।
कम्बख़्त तेरा नाम लेते ही ,
चुटकिओ में फुर्र हो जाती है।

***

29) आपबीती

Enter Caption

ऐ जिंदगी ना सताया कर ईतना।
ये जुबान मेरी है ,
लेकिन आपबीती तेरी है।
ये कलम मेरी है ,
लेकिन दास्ता तेरी है।

***

30) रास्ता

एक दिन
झूठ को सच बताया गया।
थी ग़लतफहमी ,
जिसका पुख़्ता प्रमाण दिया गया।
था रास्ता धुंधला ,
जिसे इशारे से साफ़-साफ़ दिखा दिया गया ।

***

31)जख़्म

जख़्म भर जाते है।
निशान छूट जाते है।
सिद्दत से जिसे चाहा हो ,
वक़्त आने पे ,
वो महौब्बत से मुखर जाते है।

32) घमंड

Enter Caption

बादलने घेरा चाँद को ,
कुछ पल के लिए अंधेरा खुश हुआ।
लगा उसे अब होगी उसकी हुकूमत ,
पवन के एक जोंके ने ,
उसका सारा घमंड चकना चूर कर दिया।

***

33) दिल का हाल

दिल का हाल ,
थोड़ा रूठा है,
थोड़ा टूटा है,
थोड़ा बेचेन्सा है ।
मगर तू पूछे तो कहदे ठीक है।
ये सारी बाते ,
हम बताना लाज़मी नहीं समझते।
वो पूछना लाज़मी नहीं समझते।

***

34) बेशर्म

बेवफ़ा कोई नहीं यहाँ,
फिर भी टूटे दिल लाखों है।
गुनेहगार कोई नहीं यहाँ,
फिर भी दंगे चारो और है।
सरीफ़ों का जमाना नहीं यहाँ,
बेशर्म हजारों पड़े है।

***

35) उलझन

जिंदगी ने हमेसा दो राहो पर लाके छोड़ा है।
कभी दिल और दिम्माग की लड़ाई ने उलझाया।
कभी सच और झूठ की लड़ाई ने उलझाया।
कभी अपने और पराये की लड़ाई ने उलझाया।
इन सारी लड़ाइओ में ख़ुद इतना उलझा हूँ।
कब सुलझेगी मेरी जिंदगी की कहानी उस में उलझा हूँ ।

***

36) रोबॉट

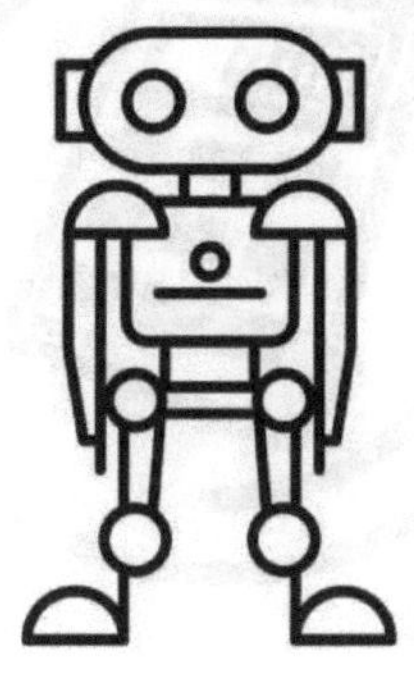

सुना है प्यार में ,
इंसान अँधा हो जाता है ?
सिर्फ अँधा नहीं ,
बेहरा , गुँगा और तोतला भी हो जाता है।
सीधा सादा दिखने वाला इंसान,
एक जीता जागता रोबॉट हो जाता है।
मानो सिर्फ एक ही प्रोग्राम सेट किया गया हो ,
उसके जहन में बस वैसे ही वो इंसान पेश आता है।

***

37)हिसाब

Enter Caption

कौन अच्छा , कौन बुरा
अब इसका हम क्या हिसाब रखे।
जो समझना था उन्हें ,
उन्होंने अपने हिसाब से समझ लिया।
क्या समझा होगा उन्होंने ,
अब इसका भी हम क्या हिसाब रखे।

***

38) कलम और कागज़

सोचा आज लिख दू ,
तेरे बारे में कुछ।
कागज़ और कलम लिया हाथ में ,
लेकिन कोई ख्याल ही नहीं ,
आ रहा दिमाग में।
मुस्कान सी छा गई दिमाग़ में ,
जहन में सिर्फ एक ही लब्ज़ निकला ,
उसे कागज़ पर हमने उत्तारा है।
सिर्फ तेरा नाम ही हमने पुकारा है।

**

39) विर - ज्ञान

ना करना किसी से महौब्बत ,
अगर हो भी जाय महौब्बत ,
ना करना उम्मीद वफ़ा की ,
बाद में पछता ओगे ,
जो खायेंगे कसम तेरी महौब्बत की ,
वहीं से तुम धोखा पा ओगे।

***

40) लिखते-लिखते

लिखते - लिखते अभी तो ,
हम सिख लिया करते है।
तेरे दिए हुए दर्द को ,
शब्दो में पिरोह दिया करते है।
शुरुआत भले ही दर्द से हुई हो।
मंजिल तक पहोचकर ,
खुशियों का दामन थाम ही लेंगे।
आज भले कोई नहीं जानता ,
लिखते - लिखते नाम कमा ही लेंगे।

***

<u>41) दखलअंदाजी</u>

बीते लम्हें , बीती बाते ,
बीते दिन , बीते साल ,
याद ना किया करो।
जो तुम्हें छोड़कर चले गये ,
उनकी फ़रियाद ना किया करो
आज के हंसी लम्हो में ,
बीते कल की दखलअंदाजी ना होने दिया करो।

***

42) शायर

सुखरियाँ तेरी बेवफाई का ,
जाते - जाते मुझे शायर बना गई।
वैसे तो थे थोड़े आवारा ,
जाते - जाते मुझे किसी काम का बना गई।

8. वीर की शायरियाँ

दर्द रूह में घुलके लब्ज़ बनके पन्नों पे उतरे।
पढ़ा जिस किसी ने भी ,
शायरी समझ के वाह ! वाह ! वाह ! कह दिया।

बंजर जमींन सी है जिंदगी ,
दरारे बहोत है।

बारिश की बुंद के इंतजार में ,
निगाहे सूरज को ताके रोज़ है।

ऊँचे मुक़ाम पै बिठाया था ,
दिल के उनको।
शख़्सियत ही गिरी हुई थी
पता ना था हम कों।

मेरी छत से उदासी के बादल,
कई बार देख चूके है।
तेरे टंपकते बारिश से आंसू ,
कई बार पी चूके है।

बहते आंसू को रोकना सीख कर ,
दिल के मरीज़ बन बैठे है।
बीमारी का ईलाज करपाय ,
उस हक़ीम की तलाश ज़ारी है।

दिल-ए-सुकून भटक रहे है।
राहत या गुलज़ार नहीं ,
फिर भी
हाल-ए-दिल लब्जों से लिख रहे है।

जिस मोड़ पे जाना नहीं ,

वहाँ का रास्ता क्यूँ देखना।
जिससे कोई तालूक ही नहीं ,
उसकी प्रोफाइल बार-बार क्यूँ देखना।

महौब्बत को महौब्बत से महौब्बत हुई ,
तो महौब्बत तो मुक़्क़मल होनी ही थी।
कल तक जो क़िस्सा कहानी थी ,
वो आज हक्कित होनी ही थी।

अगर देखा जो आइना ,
तो सकल साफ दिख जायेगी ,
खुद की गलती दिख जाये ,
ऐसा आइना अभी तक बना ही नहीं।

आसमान से बादल हटे ,
तो पता चला तारे कितने है।
जिंदगी में मुसीबत आई ,
तो पता चला हमारे कितने है।

ताउम्र कोई किसी पे नहीं मरता।
ताउम्र कोई किसी का इंतज़ार नहीं करता।
ये तो किताबी बाते है जनाब।
बिछड़ के कोई नहीं मरता।

अगर मेरा बस चले तो ......
सुबह की सौंधी खुशबू को शीशी में भरलू ,
अगर पूछे कोई उसका मोल ,
तो उसे अनमोल कह दू।

गिनती की साँसे है ,
एक भी उधारी की मांग नहीं सकते।
अभी साँस ले रहे है ,
आगे कितनी बाकी है कुछ भी कह नहीं सकते।

उदासी की चंदर ओढ़के बैठे है।
दिल के कमरे में अंधेरा करके बैठे है।
उजाले की उम्मीद छोडके ,
यु जाने पहचाने रास्तें में भटके है।

बहोत से राज़ दफ़न कर देते है ,
ज़ाहिर होने से पहले।
बहोत से अल्फ़ाज़ लिखके मिटा देते है ,
किसी के पढ़ने से पहले।

चाँद और सूरज की इकठा तसवीर ,
तो खींच नहीं सकते लोग।
प्यार में वादे चाँद-तारो को ,
ज़मीन पर उतारने के किये जाते है।

नज़र अंदाज़ करता है मूझे वो ,
जो मेरे हूनर को नहीं जानता।
जो जान जाए ऐक दर्फा मुझे ,
ऐसी गुस्ताखी नहीं करता।

मैं चाहु तो भी ना लांघ पाउ।
खुद ही खींची लकीरो को ना मिटा पाउ।
दिल को झोड़ने की कोशिष में ,
कहीं ये जान ही ना हार जाउ।

दिल को मत अनसुना करों ,
जुबान ना होने के बावजूद बोलता बहोत है।
कोई करे जान बुझ के अनसुना ,
तब धड़कता जोरो से है।

हर सवाल का जवाब मिलेगा।
सिर्फ सही समय पर ,
सही किताब का ,
सही पन्ना पढ़कर ,
समझने तक की देरी है।

बिगड़े हुए थे , ख़ुद ही सुधर गये।
ज़िद्दी बहोत थे , अब परिपक़्व हो गए।
ना हो किसी को मुझसे सिकायत।

इस लिए अब थोड़ा ख़ामोश से हो गये।

चाँद से नैन मिलाकर देखो।
चाँद से दो बातें करके देखो।
जो समीप नहीं उस शख़्स को ,
चाँद में चुपके से देखो।

ऐक लम्हें की ज़िन्दगी
लम्हें में गुज़र जायेगी।
जी भर के जी लो वरना।
बहोत सी ख्वाहिश अधुरी रह जायेगी।

खुद ही सवाल करके ,
खुद ही जवाब दिये जा रहे है।
कोरे कागज़ को ,
ख़त समझ के पढ़े जा रहे है।

याद आती नहीं , या जताते नहीं।
चुप रहते हो हमेसा , कुछ बताते ही नहीं।
दिल की बात को , जुबान पर कभी लाते ही नहीं।
दिल मांग रहा है मोहलत , या है कोई उलझन।

भिन्न भिन्न लोग ,
भिन्न भिन्न बातें ,

चाहिए तो है सबको प्यार ,
लेकिन करना नहीं किसी पर भी एतबार।

पहले दिल लगा के ,
बाद में दिमाग़ लगा लेते है।
ऐसा हुन्नर लोग कहाँ से लाते है।

वादा वहीं करो जो निभा सको।
प्यार उतना ही करो ,
बाद में दिल को टूटने से बचा सको।

तुम्हारी खूबीओ से ज़्यादा ,
कमिया देखेगा जमाना।
तू एक बार गिरके तो देख ,
उठने के लिये हाथ तक ना देगा जमाना।

जिंदगी के मैले में ,
गुब्बारे सा दिल लिए बैठे है।
छन्नी करने दिल कई बंदूको के निशाने पे ,
कई निगाहें खड़ी है।

तलब लगी थी हमारी ,
मिट गई क्या ?
नशा चढ़ा था हमारे प्यार का ,

उतर गया क्या ?
तुम्हें होश ना था ,
अब आ गया क्या ?

तुझे बाहों में लेके जिंदगी गुजारनी थी ,
तुझे अपना बनाके मंजिल पानी थी ,
तेरी आँखों में देख के पूरी रात गुजारनी थी ,
ये ख्वाहिश थी और ख्वाहिश ही रह गई।

जिंदगी ख़त्म करने के अनेक कारण हो सकते है।
जिंदगी जीने का बस एक ही कारण होता है।
बस वो एक ही कारण हमें ढूंढ़ना है।

तेरे होने ना होने में बस इतना फ़र्क है।
जितना मौत और खुदखुशी में ,
एक मौत है जिसे दावत दी नहीं जाती हमसे।
एक खुदखुशी है जो हमसे की नहीं जाती हमसे।

सुकून की चाह में भटक रहे है।
झूठी मुस्कान से सब मो भ्रम में रख रहे है।
सही गलत से अंजान होकर ,
ना जाने कबसे यु ही भटक रहे है।

गले लगाकर रोया वो।

ना जाना छोड़कर ये बात दोहराया वो।
फिर क्यों हाथ छुडवा के बेज़ुबा हो कर चला गया वो।

किसी से खुशी नाराज़ है।
किसी को खुशी ना राज आई।
ये तो वक़्त वक़्त की बात है।
किसकी झोली में कितने ग़म लिखे है।
ये एक गहरा राज़ है।

कही गुम हो जाऐ लोगों की भीड़ में ,
तो ढुंठने वाला भी कोई नहीं।
अगर हाल बुरा हो तो,
पूछने वाला भी कोई नहीं।

कल बात करते है ,
तुम तो बस कह के चल दिये।
हम तो आज भी ,
उस कल का इंतजार कर रहे है।

चाँद की बाँहो में ,
आसमान को देखा।
चाँदनी बिखरी हुई थी ,
चाँदको आधा होते हुआ देखा।

तुम वो ख्वाहिश हो ,
जिसे ताउम्र पाने की जुस्तजू की।
ना मुकम्मल होगी महोब्बत ,
जानते हुऐ भी सिर्फ़ तुम्ही से महोब्बत की।

अगर तुम साथ दो ,
तो सात फेरो के बंधन में तेरे संग बंध जाऊ मैं।
अगर तुम साथ दो ,
तो आने वाले सात जन्म भी तेरे नाम करदु मैं।

दिल जितने का हुनर कहाँ से लाते हो ,
अगर है ऐसी कोई संस्था तो हमें भी बताओ।
हम भी जाकर सीख़ आये ,
फिर सबका दिल जित के दिखाए।

दिल ने कहां ,
जो तूने सुना भी नहीं।
दिल ने सुना ,
जो तूने कहां भी नहीं।

नज़र ना चुराओ मुझसे यु “ ऐ हमसफ़र ” ,
तेरे संग और भी राते गुजारनी बाकी है।
हमारा किस्सा अभी तो शुरू ही हुआ है।
कहानी अभी बाकी है।

दिल का कारोबार मंदा चल रहा है।
तू चाहे तो तुझे मुफ़्त में ही देदू ये दिल ,
लेकिन सभाल के रखना दिल को मेरे ,
सुना है के मुफ़्त की चीजों की अहेमियत नहीं होती।

देखु में आइना तो उसमे तू ही दिखे।
तेरे रूप को निहारु में।
चल तुझे और सवारू में।
तू दे इजाज़त तो तेरी नज़र उत्तारू में।

प्यार की पहेल कौन करे ?
तू भी ख़ामोश बैढी।
मैं भी ख़ामोश बैठा।
बात की पहेल कौन करे ?

तुम और चाँद ,
दोनों एक से है।
जिसे चाहते बहोत से लोग है।
लेकिन किस्मत में किसी ऐक के भी नहीं।

सच्चा प्यार सिर्फ उन्हें मिलता है।
जिनपे ख़ुदा की बरकत होती है।
वर्ना कहां किसी को ये रेहमत नशीब होती है।

जहाँ-जहाँ आँख फेरते है।
वहाँ-वहाँ तेरा चेहरा नज़र आता है।
तेरी ना मौजूदगी होते हुऐ भी ,
बस तेरा ही ख़्याल सताता है।

सही वक़्त के इंतजार में ,
एक सदी गुजारदी हमने ,
तुमसे प्यार का इज़हार करे बगर ही ,
जिंदगी गुजारदी हमने।

बस एक नज़र भरके देखातो होता ,
मुझे जाते-जाते
जी सकूंगा या नहीं ये पुछातो होता ,
मुझे जाते-जाते

सब भटक रहे है।
यहाँ रोशनी की आड में।
रेतो के बवंडर के बीच में।
किसी अपने की तलास में।

तेरा खौफ तो देखो मुझे कितना है।
तुजी से तेरी सिकायत ना कर सके।
' तेरे साथ ना हम जी सके '
' तेरे बीन ना हम मर सके '

सकल की तो बात ही ना करो जनाब सकल तो हमनें देखी ही नहीं।
सिर्फ दिल देखा।
उनके दिल से दिल्लगी करके खुदी के दिलसे सारे तालुकात तोड़ दिये हमनें।

तुझसे दिल्लगी कर के ,
खुदी के दिल से हाथ धो बैठे।
तेरी शख्सियत से वाकिफ़ ना थे ,
वर्ना ऐसी गुस्ताख़ी ना कर बैठते।

मैं कुछ भी लिखू कागज पर तुझे तो बस शाही के दाग लगेंगे।
मेरे लिखे हर लब्ज़ तुझे बाण की तरहा चुभेंगे।

एक नशा है शायरी में जो सारे नशे से परे है।
जो शायरी के नशे में डूबा हो , उसे कहां किसी के डुबोने का ग़म है।

हाथ में मेरे तेरा पता है।
फिरभी हम लापता हो गये।
तेरे जाने के बाद हम क्या थे और क्या हो गये।

अगर टूटा दिल हमारा ना होता।
तो...
शायराना हमारा अंदाज ना होता।

शायद एक दफ़ा पीछे मुड़के पूछ लेते तुमसें।
" कैसे है आप "
लेकिन शायद ये सवाल ना पूछने में ही हमारी बेहतरी थी।

अभी तो महौब्बत ए इश्क़ का इज़हार किया है।
ये मत समझियेगा के तेरे गुलाम हो गए।
तेरे इश्क़ में ना जाने कहाँ कहाँ बदनाम हो गए।

कौन अच्छा , कौन बुरा अब इसका हम क्या हिसाब रखे।
उन्हों ने जो समझना था हमें अपने हिसाब से समझ लिया।
अब उसका भी हम क्या हिसाब रखे।

अगर जीना पड़ता हमें तेरी यादों के सहारे तो भी जी लेते।
अगर बीच में तेरी बेवाफाई की फरियाद ना होती।

तेरा ज़िक्र क्या हुआ जहन में ,
गजल लिखडाली।
तेरी याद क्या आई हमें ,
पूरी मेहफिल सजाडाली।

तेरी आशिक़ी कहु ,
या तेरी बेवफाई कहु ,
या कहु तेरी दीवानगी ,
इनमें मुझे कुछ ना मिला , सिवा के बदनामी।

तेरी बेवफाई के बारे में तो बहोत लिख लिया।
तेरी आशिकी के बारे में भी लिखना बनता है।
तू इंसान जैसा भी था,
तुझे मेरा ऐक आखरी सलाम तो बनता है।

वो पहले Massage करते है - I Miss you
ये Massage करके आप को ,
किसी और से Chat करते है।

वो कहते थे ,
" सांस लिये बिना शायद जी भी ले हम ,
लेकिन तुम्हें देखे बिना ऐक पल भी ज़ी ना पायेंगे "
एक अर्शा गुजर गया देखे बगर।
" आज भी सांसे तो चल रही थी "

गेरोसे गुफतगू की नहीं जाती।
दोस्ती हर किसी से निभाई नहीं जाती।
कैसा आलम है मेरी महौब्बत का ,
उन्हें छोड़ कर भी उनसे दिल्लगी भुलाई नहीं जाती।

अपनी महौब्बत की दास्ता तो सबको बतादि थी हमने।
अब मिलना भी गवारा नहीं किसी से।
क्यू की डरते है कोई हमारी महौब्बत का अंजाम ना पूछले।

मंजिल तक पहोंचकर भी लोटे आये हम।
ख़्वाहिश थी जिसे पा ने की उसे पाकर भी छोड आये हम।
वफ़ा थी जिसे निभाने की वफ़ा करके भी , बेवफ़ाई कर आये हम।

कैसे कम नशीब है " वीर " हम ,
हमको घोका भी उसीसे मिला जिसने ,
हमको प्यार से रूबरू करवाया था।

ख़ामोशी क्या है।
वो हमसे रहे तो सज़ा है।
हम उनसे रहे तो दगा है।
हम खुदसे रहे तो नशा है।

क्या फ़र्क पड़ता है।
वो तो उसीको पड़ता है।
जिसे फ़र्क पड़ता है।

तुम मुझमे बसे हो ऐसे जैसे ,

जिश्म में रूह बसी हो वैसे ,
कहते है जिश्म और रूह ऐसे ही जुदा नहीं हो पाती।
जब तक खुदा की परवानगी नहीं होती।

हमारी इश्क़ की दास्ता अजीब थी।
जिस महौब्बत को मुकम्मल होने में एक अरशा निकल गया।
एक अरशे की महौब्बत चंद दिनों में ही रुक्षत हो गई।

रूठो ना हमसे , हमें मनाना नहीं आता।
जाना ना छोड़के , हमें वापिस बुलाना नहीं आता।
बस सताते है तुम्हें इस लिये के तुम अपने हों।
वर्ना गैरो से नाता जोड़ना हमें नहीं आता।

चमड़ी का रंग ढल जायेगा।
मुँह पे जुर्रीओ का पहरा हो जायेगा।
एक हाथ में छड़ी का सहारा होगा दूसरा हाथ तेरे कंधे पे होगा।
बस वहाँ तक तेरी मेरी महौब्बत का कारवा होगा।

कुछ करीबी जानते हे मुझे मेरे कल से।
अनगिनत अज़नबी जानते है मुझे मेरे आज से।
मैं जो कल था आज वो रहा नहीं।

जब यादों के बवंडर का सैलाब आता है।
तो कभी दिल को भीगा जाता है।

तो कभी आँख को बहा दे जाता है।

ऐ जिंदगी ना सताया कर ईतना ।
ये ज़ूबान मेरी है ,
लेकिन आपबीती तेरी है।
ये कलम मेरी है ,
लेकिन दास्तान तेरी है।

मैने बार-बार कहां ,
तुझे कहाँ ध्यान रहा।
मेरी पसंद ना पसंद जानते हुए ,
तुझे कहाँ मेरा ख्याल ही रहा।

दिल के जज्बात होठों से बताओ।
अब किस बात की कश्मक़श
दिल में जो है सब बताओ।

कुंडी अगर अंदर से लगी हुई हो ,
तो ताले बहार से नहीं जांचते ,
चाहें दिल हो या दरवाजे।

केसी बेखयाली में डूबा हु मैं।
अपने Phone में तेरे Phone का Password डाल रहा हु मैं।

रूठना भी वहीं चाहिये ,
जहां किसी के मनाने आने की गुंजाइस हो।

बोया अगर बीज है तो फ़ल जरूर पा ओगें।
आज जैसा भी है कल को उससे बेहतर ही पा ओगें।

अगर में ' प्यार होता तेरा तो तुझे तकलीफ होती मेरे जाने से।
शायद हमें ही वहेम था के तुझे मुझसे प्यार है।

उन सबसे दूर हो जाते है हम ,
जिन्हें हमारी वज़ह से तकलीफ सेहनी पड़े।

यकींन नहीं होता इतना लंबा सफ़र साथ में काट ने के बाद ,
हमसफ़र ने सफ़र बदल दिया।

अपनों में भी बेगानें बने हम।
तेरी ना मौजूदगी के एक लोते ग़वाह बने हम।

अब तेरी ही फ़िक्र है।
मेरी हर बातो में सिर्फ़ तेरा ही जिंखर है।

अच्छा है " वीर " के हम बया कर लेते है।
हमारे जज़्बात को इन शायरिओं में।
सोचते है " वीर " के टूटा तो दिल बहोंतो का है।
कैसे बया करते होंगे उनके जज़्बात को।

दिल की गहेराई में एक आस लगा रखी थी ।
तू आएगा वापिस ये उम्मींद जगा रखी थी ।

वो नही मिलते तो अच्छा था ।
बेकार में महौब्बत से नफ़रत हो गई।

वो हमारे अपने ही होते हे जो बातों से मार देते है।
वरना गेरो को क्या पता किन बात से हमारा दिल दुखता है।

कमाल की महौब्बत हो रही है आजकल ।
एक को भूलाने के लिए दूसरे से बात हो रही है आजकल।

तुम मेरी आँखों में आंसू ढूँढ़ते हो !
हमारा तो दिल रो रहा है।

चाहतें बहोत थे हमें पाना।
हम उन्हें पा ना सके जिसकी चाहत हमें थी।

उनके दीदार की ख़्वाहिश में रास्ते पर नज़र टिका रखी थी।
हम इंतजार करते रह गऐ और वो आऐ ही नहीं।

दोस्ती से शुरू होकर रिस्ता प्यार में तबदील हो जाता है।
प्यार में तबदील होकर हर रिस्ता दर्द बहोत पाता है।

हम जिनसे दूर हो गए है।
वो ख़्वाब में आकर पुराने जख़्म क्यु खुरेद कर चले जाते है।

खुले थे दरवाज़े जन्नत के ,
मेरे पहोंचने के बाद बाकी सब कतार में खड़े थे।
क्यूँ की खुदा भी मेरी दास्तान सुनने में मसघुल थे।

राज़ कितने गहरे है।
ख्यालो पे भी लगे पहरे है।

सब कुछ समझकर ना समझ ने में ही समझदारी है।
अगर समझ गये जो उन्हें समझाना था ,
तो उसमे क्या समझदारी।

चोट खा कर भी संभल जाते ।
अगर धक्का लगाने वाला हाथ तेरा ना होता ।

जिंदगी की किताब का एक पन्ना नहीं ,
पूरी किताब है तू।
तुझे पढ़ कर भी कोई समझना सका ,
वो नकाब है तू।

ये दिले दर्द की दास्ता सुनाने में ,
ऐक जमाना निकल जाएगा।
ये दिले ज़ख्म को भरने में ,
ऐक अरसा निकल जाएगा ।

शायद लिखा ही नहीं होगा तेरा नाम मेरी हाथो की लकीरो में।
वर्ना सात जन्म की कस्मे खा कर भी यू बिछड़ना ना होता तक़दीर में।

हमारा इश्क़ भी मुकम्मल होता।
अगर तेरे सिने में भी दिल होता।

कभी-कभी दास्तताये महौब्बत भी बया कर लेते है।
इसी बहाने कुछ पल के लिए तुझे भी याद कर लेते है।

आज तुझे पढ़ने की इजाजत मिली है रबसे।
तेरे दिल के दरवाजे को खोलने की चाबी मिली है रबसे।

चाँद समंदर की गोद में सोया हुआ दिखा।
जो कभी किसी ने ना देखा वो नज़ारा आज मैंने देखा।

डरता हु कहीं ,
ये दिल का दर्द ख़त्म होते-होते मुझे ही ख़त्म ना ही करदे।

मासूमियत बचा के रखना अपनी।
खिलोंनो की तरहा कब , कौन , कैसे आपका इस्तेमाल कर जाय ,
वो पता भी नहीं चलता।

किसी का दर्द बाँट लो अगर बाँट सको।
किसी का हाथ थाम लो अगर साथ नीभा।

प्यार में मन का भटकना लाज़मी नहीं।
प्यार था , है और रहेगा उसकी पुख़्ता कोई निशानी नहीं।

आशिक़ है , फ़क़ीर नहीं ।
प्यार मांगा , खैरात नहीं ।

तितली को पता है उसकी जिंदगी कितनी है।
फिर भी उसके चेहरे पर उदासी दिखती नहीं है।

बीना कन्फर्म टिकट के मुसाफरी किये जा रहे है।
मंजिल का पता नहीं फिर भी राह में चले जा रहे है।

तेरे नाम में ही तेरे व्यक्तित्व का रहश्य था।
मेरे नज़र में देर से आया जो तथ्य था।

बादल बनके चलदू क्यां !
तू जहाँ है वहाँ आके बरसदू क्यां !

इत्तेफ़ाक़ ,
हर बार ,
वो भी मेरे साथ !

आइना देख कर ख़ुदी के प्यार में पड गए।
जमाना कहे एक तरफ़ा महोब्बत तो एक तरफ़ा सही।

सब को एक समान मत मानना।
किसी एक को सब कुछ मत मानना।

कई बार लब्जों से नहीं आँखों से बताया था।
महौब्बत थी हमें पक्ले झुका के इशारा किया था।

संदेह करता है वो ,
जिसने मेरे सपनो को सच होते हुए नहीं देखा।

*****

9 798887 045924

Printed by Libri Plureos GmbH in Hamburg,
Germany